[美] 帕特里克·兰西奥尼（Patrick Lencioni） 著

CEO的五大诱惑

领导者应警惕的人性弱点

（经典版）

The FIVE
TEMPTATIONS
of a CEO

10th Anniversary Edition

A LEADERSHIP FABLE

苏进 译

电子工业出版社
Publishing House of Electronics Industry
北京·BEIJING

Patrick Lencioni:The Five Temptations of a CEO,10th Anniversary Edition: A Leadership Fable

ISBN:978-0470267585

Copyright © 1998 by John Wiley & Sons, Inc.

All rights reserved.

Authorized translation from the English language edition published by John Wiley & Sons, Inc.Responsibility for the accuracy of the translation rests solely with Century Wave Culture Development Co-PHEI and is not the responsibility of John Wiley & Sons, Inc. No part of this book may be reproduced in any form without the written permission of John Wiley & Sons International Rights, Inc.

Simplified Chinese translation edition copyrights © 2024 by Century Wave Culture Development Co-PHEI.

Copies of this book sold without a Wiley sticker on the cover are unauthorized and illegal.

本书中文简体字版经由John Wiley & Sons, Inc.授权电子工业出版社独家出版发行。未经书面许可，不得以任何方式抄袭、复制或节录本书中的任何内容。

版权贸易合同登记号　图字：01-2016-4005

图书在版编目（CIP）数据

CEO的五大诱惑：领导者应警惕的人性弱点：经典版 /（美）帕特里克·兰西奥尼（Patrick Lencioni）著；苏进译.—北京：电子工业出版社，2024.1（2025.8重印）

书名原文：The Five Temptations of a CEO, 10th Anniversary Edition: A Leadership Fable

ISBN 978-7-121-46044-9

Ⅰ.①C… Ⅱ.①帕… ②苏… Ⅲ.①企业管理–组织管理学 Ⅳ.①F272.9

中国国家版本馆CIP数据核字（2023）第225130号

责任编辑：吴亚芬
印　　刷：北京捷迅佳彩印刷有限公司
装　　订：北京捷迅佳彩印刷有限公司
出版发行：电子工业出版社
　　　　　北京市海淀区万寿路173信箱　　邮编：100036
开　　本：880×1230　1/32　印张：4.75　字数：152千字
版　　次：2024年1月第1版
印　　次：2025年8月第2次印刷
定　　价：59.80元

凡所购买电子工业出版社图书有缺损问题，请向购买书店调换。若书店售缺，请与本社发行部联系，联系及邮购电话：（010）88254888，88258888。

质量投诉请发邮件至zlts@phei.com.cn，盗版侵权举报请发邮件至dbqq@phei.com.cn。

本书咨询联系方式：（010）88254199，sjb@phei.com.cn。

帕特里克·兰西奥尼的其他著作

《CEO 的四大迷思》
（*The Four Obsessions of an Extraordinary Executive*）

《团队协作的五大障碍》（*The Five Dysfunctions of a Team*）

《别被会议累死》（*Death by Meeting*）

《克服团队协作的五种障碍》
（*Overcoming the Five Dysfunctions of a Team*）

《员工敬业度的真相》
（*The Truth About Employee Engagement*）

《困扰职业家庭的三个重要问题》
（*The Three Big Questions for a Frantic Family*）

《示人以真》（*Getting Naked*）

《优势》（*The Advantage*）

《理想的团队成员》（*The Ideal Team Player*）

《动机》（*The Motive*）

《六大工作天赋》（*The 6 Types of Working Genius*）

好评节选

这是一本不仅适合CEO阅读，还适合管理者阅读的书。这本书来自一个经历过诱惑的CEO的故事，从书中学习比你接受一个私人教练的效果会更好。

——博伊德·克拉克，汤姆·彼得斯集团总裁兼CEO

兰西奥尼传递了一个颇具挑战性意味的信息：如果公司出了问题，CEO不应该责怪别人，更应该自责。如果你是CEO（或者其他管理人员），你有没有自责的勇气？这么做会改变你的未来——为了更好的将来。

——杰里·波勒斯博士，《基业长青》

（*Built to Last*）

合著者，斯坦福商学院教授

一个真正让人愉悦的故事。我读后立刻判断了一下自己是否也受到了诱惑。我想大部分高级管理者都能从这本非常有启发的书中找到自己的影子。

——埃琳·麦克科尔根，富达投资及税务公司总裁简直太高兴了！读《CEO的五大诱惑》一书就像站在镜子面前重新发现全新的自己，真正看明白了！我们每个人都有安德鲁的一部分影子，他的故事映射了我们许多人遇到的问题。此书对CEO来说真的是非常有用的参考书籍。

——兰尼·威尔肯斯，NBA历史上最成功的教练之一

这本书针对管理陷阱提供了一些非常有深度的想法，当领导者在失去考量结果成功与否的洞察力时，请参考此书。我要求我们的员工都阅读此书。

——埃里克·施密特博士，Novell公司主席兼CEO

这是我读过的最令人着迷的一本有关领导力的书籍。兰西奥尼深入CEO的管理灵魂中，揭示了很多管理漏洞。在阅读时，我觉得自己也正在面临同样的困难。

——小林忠雄，美国本田汽车公司执行副总裁

兰西奥尼简单但深刻地直击作为一名优秀管理者的核心：要一直深思熟虑、诚恳地采取行动。他教给我们在受自负、虚荣或恐惧的诱惑时仍然能做出真正有意义的决定的方法。当做好一项工作时，我意识到自己正根据他的指导原则来处理事务。

——黛安·弗兰纳里博士，Juma公司CEO

领导力就是关于如何激励别人取得卓越成果的能力。这要求领导者个人克服内在的人性弱点，这些弱点在这本书中得到了清晰的阐述。作为一本有着远见卓识且颇具可读性的读物，《CEO的五大诱惑》所提供的富有实际意义的思维模式将帮助每位总经理更加事半功倍。

——托马斯·J.蒂尔尼，

贝恩国际策略咨询公司全球管理合伙人

通常当有人向我推荐领导力或管理书籍时，我都会敬而远之，但我不得不承认，《CEO的五大诱惑》一书还是让我很喜欢的——朴实的语言、简约的道理，让人深有所悟。

——格雷厄姆·斯帕尼尔，宾州大学校长

简单易读，把事情说明白讲清楚——这本书让你明白管理公司并不像你想象的那么困难。

——萨尔·希里罗，Street & Smith's体育集团出版人

《CEO的五大诱惑》真的是高屋建瓴，它用生动的故事描绘了成功领导者在克服看似简单的五大障碍的过程中遇到的挑战和启示。

——约翰·亚历山大，创新领导力中心总裁

兰西奥尼写了一个让人信服并讨人喜欢的寓言。《CEO的五大诱惑》一书融合了作者杰出的讲故事才能和丰富的实践经验，给读者展示了一个鲜活的范例，说明了商业和生活中成功领导的要素。任何人——CEO也好，其他人也罢，都可以从这本书中受益。

——特利·皮尔斯，《大胆领导》（*Leading Out Loud*）的作者、

嘉信理财公司商业交流中心高级副总裁、

加州大学伯克利分校哈斯商学院讲师

《CEO的五大诱惑》是一本充满力量的书，它的强大源于它的简洁、诚恳和人性化。帕特里克·兰西奥尼是一个睿智而有吸引力的讲故事高手，他从实际观察中了解到，怎样做才能在这个星球上最孤独的地方之一——老板的办公室里生存下来并茁壮成长。

——詹姆斯·库泽斯，

《领导力》（*The Leadership Challenge*）和

《信誉》（*Credibility*）的合著者，

汤姆·彼得斯集团/学习系统公司董事长

非常优秀的一本书！我读过许多管理类书籍，但这一本真的是物超所值！管理者可从这本简单易读、通俗易懂的书里学到东西。如果你想提高自己的管理技能，这是一本可读

书籍。我已经做了一张钱包大小的有关五大诱惑的参考卡片随身携带，随时参考，以防止自己误入歧途。

——迈克尔·罗伊，新泽西网络公司总裁、首席运营官

《CEO的五大诱惑》借一个引人入胜的故事让你了解公司管理的真相，让我们在审视自己行为和处事逻辑时毫无愧疚地公正地对待自己的内心。深夜从公司回家的行程也将变得不同……

——理查德·A.莫兰，畅销书《别弄混了备忘录和现实》（*Never Confuse a Memo with Reality*）作者

请相信一位公认的"商业书抨击者"的话：《CEO的五大诱惑》不是一本老调重弹的书。没有晦涩难懂的专业术语，没有伪科学，没有生硬的摘录，没有冗长乏味的文字，只有一个为领导者而写的意义深刻的寓言。

——米奇·丹尼尔斯，

礼来制药公司战略和政策部高级副总裁

兰西奥尼懂得每位CEO最终必须面临的微妙却很关键的挑战。

——马克·霍夫曼，美国第一商务公司总裁兼CEO

这本书为各个层次的领导者提供了一些实用且有深度的选择——在任何组织都适用！寓言是吸引人的绝佳方式。

——汤姆·库尔茨，建筑师、教练、领航员，

宝洁公司组织突破引导者

优秀的CEO会喜欢这本书；平庸的CEO会因此感到困扰，因为他们将意识到：公司里的所有问题都是从自己开始的。

——马克·塔鲁斯，The Sak公司总裁兼CEO

我们中的大多数人都曾经深陷于书中所描述的一个或多个"诱惑"——但时间不长。这本书值得任何CEO或不同级别的管理者阅读。

——蒂莫西·F.芬利，Jos. A. Bank制衣公司总裁兼CEO

这本书通过一个很棒的故事为组织机构传递智慧，其中当然也包括非营利机构。

——布赖恩·奥康奈尔，美国独立部门创始人兼总裁

借用一种"小说"的形式，兰西奥尼不仅引领着CEO，同时也引领着所有的管理者培养更加高效的思维和行为模式。

——戴维·奇尔顿，

畅销书《富有的理发师》（*The Wealthy Barber*）的作者

《CEO的五大诱惑》让我开始思考、审视自己平时工作的表现，并启发我如何将工作做得更好。

——杰罗姆·L.多德森，帕纳塞斯基金会总裁

兰西奥尼找到了讲述领导者们所面临的问题的最佳途径……一次快速、简单、愉快的阅读经历！

——约翰·斯托纳，

True Temper硬件公司总裁兼总经理

太棒了，太棒了！我忍不住还想再读一遍！这不会是第六个诱惑吧？我是在休假时读到这本书的，简直爱不释手。它从一个十分聪明的视角把CEO工作的神秘性和现实过程讲得一清二楚。书中一些理论对我的实际工作非常具有指导作用。我希望每位CEO都能够人手一册。

——里克·帕奇，Sequel Venture Partners的合伙人

致　敬

难以置信，距帕特里克·兰西奥尼的畅销书《CEO的五大诱惑》面市已10年了。难以忘怀的是我第一次读到本书时的激动心情，它让我真正了解什么是五大诱惑。

诱惑一：选择职业地位而非业绩。

诱惑二：选择声誉而非责任。

诱惑三：选择确定性而非明确性。

诱惑四：选择融洽而非富有成效的争论。

诱惑五：选择自我保护而非信任。

此书英文版于1998年面市，在那之后帕特里克也陆续推出了非常畅销的管理类书籍，如《团队协作的五大障碍》《痛苦工作的三个迹象》《别被会议累死》《打破部门壁垒》《CEO的四大迷思》等。这些书都成为商业经典——也是NBA职业篮球队奥兰多魔术队员工的必读书籍，它们让帕特里克成为美国知名的商业领袖。他在书中提供的管理理念和人生哲学一定会为你带来深刻的启迪。

我曾与帕特里克在好几个场合共同演讲。实际上，我认为他的演讲比写作更加出色。他的幽默风趣、直击人心的坦率、睿智的咨询建议都让听众喜爱。不过让我印象最深刻的还是他的人际关系处理方式。尽管已经久负盛名，但他仍然平易近人，跟粉丝谈话时从不会匆匆忙忙。

我坚信，《CEO的五大诱惑》的再版会取得更大的成功。如果你之前错过这本书，那这一次请一定好好地研读它，读过之后立刻运用书中的那些有价值的经验和教训。你一定会不负众望，成就你CEO职业生涯的辉煌！

帕特·威廉姆斯

2008年4月

译者序

　　很荣幸受到电子工业出版社的邀请，得到兰西奥尼的这本经典著作《CEO的五大诱惑》的翻译机会。

　　当下，关于管理、领导力及团队的书籍多得让人目不暇接，要想真正触动读者并使之得到启发，真不是件容易的事。而当你阅读兰西奥尼的系列书籍时，却有一种很解渴、很过瘾的感觉，书中的人物仿佛就是你自己，抑或你身边的同事，让你一会儿戏里一会儿戏外，不断被"拷问"，也不断地"拨开云雾见晴天"。

　　兰西奥尼先生有自己的写作喜好，《CEO的五大诱惑》这本书就是以寓言的形式写成的领导力故事。书中描述的是升任CEO一年的安德鲁，业绩平平，而更困扰他的是他的精神状态。在召开董事会的前一天晚上，他在空空荡荡的列车上碰到了一位神秘的老人查理，查理主动找他聊天，帮他找到精神困扰的原因，那就是没有克服好通常CEO都会遇到的五大诱惑。三年以后，安德鲁的公司取得了喜人的变化。

　　从拥有过不同的"领导"角色和拥有多年的咨询、培训、教练经验的我的角度来看，这本书不仅适合CEO阅读，也适合高管和各级管理者阅读。这五种诱惑可以说是无处不在的，一不小心，你可能就被"诱惑"到了。

有的管理者非常看重自己的升迁和职业的发展，这也无可厚非。但一定要分清主次，"注意力在哪里，能量就流向哪里"，衡量管理者是否成功的标准是业绩而非你位置的高低。职位越高，要承担的责任更大，所创造的业绩和贡献也应该更大。在人才选拔的问题上，业绩是门槛，没有业绩，品德（同事关系、上下级关系）再好也没有用，而有了业绩，品德又是生死线。

有的管理者在公司里有一帮"忠诚的下属"，关系很亲密，被下属称呼"老大""老板"，感觉很受用，也经常参与他们的私下活动。因为关系过于亲密，而对下属造成的工作失误，要么不直接地指出，即使指出也是"蜻蜓点水"般轻描淡写的。你是这样的管理者吗？太在乎关系，而忽视了下属该承担的责任。在组织中，轻松、平等的人际关系是我们推崇的，但要防止"过犹不及"，要注意平衡和度的把握；要谨记，"慈不掌兵，情不立事，义不理财，善不为官"。

在行为风格中有一类管理者，我们称之为"谨慎型"，他们看重流程、数据、细节，决策时会前思后想，有时还会犹豫不决、瞻前顾后。但在互联网和人工智能时代，在一个快速变化的VUCA时代里，你想拥有充分的信息、十足的证据、完全的把握，那是绝对不可能的。对于一个管理者来说，要有前瞻性、要有决断力，不要等万事俱备以后才开始行动；要学会在模糊的状态下，大胆地凭着感觉、依靠判断去尝试。要有"敢"和"试"的思维，该断则断，防止错失良机。

其实，要想决策正确，就需要有一个先策后决的过程，这里的"先策"就是要大家能够充分地进行讨论，直面问题，敢于挑战和质疑。这样的氛围需要管理者营造出来，鼓励大家敢于进行建设性的冲突，而非"一团和气"和决策时采取"折中主义"。针对重要议题和工作，能进行充分讨论、敢于发表让别人不舒服的观点和意见，这样的会议才不会枯燥，这样的决策才有生命力。

有决策，就会有失误；做工作，就会有不足。作为管理者，要敢于说"我错了"，敢于承认自己的不足，这是对团队成员信任的表现，也是管理者睿智的体现。相反，如果隐瞒自己的错误，出现问题和失误不敢担当，自然就无法得到下属的尊敬和信任，也就无人愿意去追随。

在以上的描述中，作为管理者，你看到自己的影子了吗？你是否已经对这五大诱惑有了一个大概的认知呢？好像以上没有明确地说出五大诱惑是什么，对吗？不要紧，那就带着好奇和平静的心情，仔细地阅读兰西奥尼的这本《CEO的五大诱惑》吧。希望你在阅读完毕之后，把兰西奥尼提到的这五大诱惑以卓越的行为来克服掉，并在工作中不断地践行这些卓越行为！

知易行难。正如领导力大师库泽斯和波斯纳所说："卓越领导者的行为能深刻地影响人们在工作中的承诺度和敬业度。"因此，提升领导力，打造更加健康、高效的组织，需要从管理者的卓越行为开始！

译者简介

苏进 领导力发展教练、组织健康顾问。Table Group认证的"克服团队协作的五种障碍"工作坊导师，加拿大埃里克森教练学院的认证教练，同时也是"领越®领导力""4D领导力"等课程的中文授权导师。苏进拥有多年的中外企业高管工作经历，在中高层领导力发展和教练、组织健康打造、企业战略人力资源管理等方面有着深入的研究和丰富的实战经验。欢迎关注苏进的微信公众号"苏进说"。

推荐序一

与苏进的接触源于我所在的公司引入了兰西奥尼的组织健康理念。在苏进老师的帮助下公司连续多年开展了团队协作工作坊，各团队在共识达成、业务问题解决、团队氛围改善方面有很多提升。我相信很多人都是通过《团队协作的五大障碍》知道的兰西奥尼，而《CEO的五大诱惑》是他在1998年出版的第一本书，我们熟知的领导团队建设的基本理论来源于此书。苏进翻译的《CEO的五大诱惑》要再次发行出版了，很高兴收到他发来的写推荐序的邀请，我愿意与读者分享我的发现和感悟。

了解我的人知道，我偏爱技术钻研，但在35岁时我就开始管理万人规模的国有企业了，之后在合资企业、上市公司都担任过总经理职务。在几十年的管理岗位上也辅导过多位年轻人成长。过程中我发现有些人很容易被"总经理"这个职位所困惑。"总经理"这个职位本身就意味着某种成功，但有些人就总想证明自己有能力胜任它。

为了持续保持这样的成功，他们有的无法在不确定信息的状况下做决定；有的担心被质疑缺乏掌控局面的能力而刻意回避冲突，因放弃"争论"使团队错失获得真共识、解决问题路径的机会；有的背着"正确决定"的思想包袱迟迟下不了指令，或者发出含混不清的指令，导致工作拖拉，组织倦怠，组织成本极大……看起来他们不关注结果，只关注自己的位子，这些都是管理者容易进入的行为误区。

对于许多人来说，自省是痛苦的、令人茫然的，尤其是那些身处逆境中的。他们会说他们的工作中有各种错综复杂、难以捉摸的东西，成功太难了。而这些都只不过是问题的表面现象。

兰西奥尼以故事开头，当你置身故事情节中时，总能找到自己的影子，能获得直击内心的启发，促使你避免掉进行为误区，更能理解如何在实际工作中应用战胜五大诱惑的法则。但究竟怎么用、怎么做还需要管理者自己在具体的领导情境中去体验、去感悟、去探索。领导力是"科学"，但在实际的工作中往往需要结合实际变通、融合，需要刚柔并济的"艺术"方能取得成效，这也就是我们常说的领导艺术。

最后要说明的是，虽然这本书说的是CEO的诱惑，但其理论可以为任何对个人领导力成长感兴趣的读者所用。书中的"五大诱惑"也不仅适用于单个领导，它同样适用于团队。不论你的实际情况如何，我衷心希望这本书能够帮助你解决所面临的问题。

金风科技首席人才官　周云志

推荐序二

本书的译者苏进是我的老朋友、老同事、老战友，从一起共事再到一起创业，一起经历了人生最美好的20年。他推荐了兰西奥尼的这本《CEO的五大诱惑》给我，邀请我写推荐序。希望我的这篇推荐序，也算作读后感，能给各级的管理者带来一些启发。

此书的结构是：首先通过短短的一则寓言故事，把所有读者带入身临其境的管理者困境；然后通过对主人公面临的严峻问题的层层剖析，让所有管理者容易被迷惑的最核心管理问题浮出水面；再通过领导者失败原因总结对管理者的五大诱惑问题一一做了分析和建议；最终通过对管理者五大诱惑问题的自我评估，找到战胜五大诱惑的方法。

此书的核心是：虽然这本小书很薄，但却直击CEO及所有管理者的内心，与我产生共鸣。一口气读完此书，回想自己的管理经历与挑战，感觉这五大诱惑是管理者人性与理性的博弈、心态与现实的博弈、自我与利他的博弈。书中这五大诱惑是根据寓言故事的情节而展开的，结合这五大常见诱惑及我曾在阿里工作中的体会分别谈一下理解。

诱惑一：选择职业地位而非业绩

阿里有句老话：所谓你工作的头衔、你承担的职责，不是把它看"重"或"轻"，而是要看"清"。只有看清楚以后，你才知道它什么时候为你所用，你是不能让它为你所累的。如果你要对得起这个头衔，那你就看清这个职位所承担的责任、目标和能力。"总是想要证明自己的，就没有了投入工作的心态"，这意思是说心态不对了，结果也好不起来：工作不是为了证明自己、让自己有满足感，而是创造业绩，是为了带领组织或者团队达成结果。

诱惑二：选择声誉而非责任

阿里在管理过程中要求No surprise（没有吃惊）原则，这意思就是你给下属的绩效考核结果如果让他们吃惊了，那么就是你的管理出问题了：下属惊喜——说明你平时表扬不够、不及时；下属惊怒——说明你平时批评不明确、不及时。从管理角度而言，不管是惊喜或是惊怒都不是好事。管理者不能当"老好人"，每个时间段都要对团队成员进行及时的绩效反馈，做得好的表扬鼓励，做得不好的批评改善；不要给失败找理由，要为成功找方向。让你的员工为共同的目标工作，绝不要为你的人格魅力或做事方式而工作。

诱惑三：选择确定性而非明确性

用阿里的老话讲："有功无过是短暂的，无功有过是行不通的，有功有过是最好的。""有功无过是短暂的"，意思是如果一味追求决策的正确，这样一定不持久，且阻碍创新与改进；"无功有过是行不通的"，意思是要么是放错了位置，要么是能力有问题，需要立刻改变；"有功有过是最好的"，意思是不惧怕犯错，在错误中成长，所有的经历尤其是挫折最终都转化为蜕变的力量。管理者及时下达指令、不拖延、不过分追求指令的准确性，保持团队行动的统一与连续性是第一要务。在阿里管理者经常说的是，"宁要三流的战略，一流的执行，也不要一流的战略，三流的执行"。马云在2000年曾经说过："错误的决定比没有决定要好。"这就是考验一位领导人的决断、责任、勇气和把握机会的稍纵即逝的相关能力。

诱惑四：选择融洽而非富有成效的争论

日常讨论与开会做决策，要有不同立场、正反角度的声音，只有经过充分的讨论才能做最好的决策，决策后必须无条件执行。阿里在会议汇报、决定讨论时，经常讲："说了不一定有机会，但不说一定没机会。"开会不能总讲和气，表面上越和气，私下里斗争越激烈。有不同的想法，总要碰撞了才知道差异在哪里，即使求同存异，也明白地知道同是哪里同，异是哪里异。否则，害怕冒犯了别人，也害怕别人让自己没面子，表面是和谐了，可实际上大家的心却越来越生疏。有了观念的碰撞，最终达成理解，表面很激烈，可大家的心却越来越近了。我们宁愿将事情都摆到桌面上，以数据、逻辑、本质的理由在辩论的过程中逐步达成共识，只有共同相信，才能共同看见。

诱惑五：选择自我保护而非信任

大胆承认自己的过错与责任，选择相信团队成员是打造高战斗力、高互信、简单文化的关键。用阿里的老话讲："不要害怕把自己的弱项暴露给他人。"如果为了自己的弱点刻意去逃避，或者为了自己的弱点刻意去隐藏，终究受累的是自己和失去团队的信任。而我们提倡的是："认真做事，大度做人。"2005年5月，马云发现公司内网论坛上出现了一些抱怨的话题，于是坦诚地说了下面这些话："阿里巴巴还很年轻，他正在高速发展中，我们需要的不是抱怨，而是理解、支持、建议，我们需要每个阿里人用自己一点一滴的努力去完善他，我们一起来创造公司的每一个进步，让每一个进步给我们带来快乐和成果！我们团队精神的真正含义是我们一起去学习，一起去成长。我们要在做好自己工作的同时尽自己最大的努力，尊重、帮助和爱护我们的队友。阿里人，我们有着伟大的目标和使命，我们只有改变自己才能改变我们的未来。从今天起，我们就要学会欣赏和支持我们身边的人，因为总有一天我们将会一起面对世界上最大的挑战！"

看完《CEO的五大诱惑》的读者都会被内容所吸引，并深以为然，但如果合上书让你回想一下这五大诱惑，可能大家又不能完全串联起来。因此帕特里克在书中用一张示意图揭示这五大诱惑之间的关系，而这一切的核心是信任：只有在管理团队之间真正建立互信，才能建立对事不对人的客观辩证的争论；只有在管理团队充分争论的基础上，才能基于现有信息做出最准确的判断与决策；只有在管理团队有了明确的决策后，才能分清团队目标与权责分工；只有在管理团队目标分工明确后，才能有效地进行目标分解与责任担当；只有管理团队充分责任担当，才能帮助公司取得最佳业绩，实现CEO及管理团队真正的价值。

中国有句古话："无欲则刚。"不是要求CEO或管理者无欲无求，而是让大家有利他的精神，这种有利团队、有利公司的心态，会让管理者在做事时少一些感性，而多一些理性。虽然我们知道常人的习惯都是用情感来做决定的，但作为公司的管理者要为大家负责，要克制自己个人的情感，从利他、利最大多数人的利益出发做决策，这样做的最终结果往往是让自己获益最多、最大，所以说利他是得到利己结果的最佳策略。我这样说不是起高调，而是我个人过去管理实践中真实的体验和验证。

我希望每位管理者读完这本书，对照这五大诱惑都有自己的体会与感悟，可以更加简单、更加直接、更加深刻地追问：管理的本质是什么？五大诱惑的本质是什么？团队协同的本质是什么？预祝大家读完此书都产生自己的管理心流，让自己在未来成为更出色的管理者。

钉钉副总裁兼战略事业部总经理　王中宇

原书序

我不得不承认，在我的第一本书《CEO的五大诱惑》出版后的第十年，回顾过去似乎有点困难。一部分是由于我的性格影响，但最重要的还是由于过去的十年对于我来说好像有点模糊不清。

在书出版的那一年，我和妻子有了第一对宝宝（一对双胞胎男孩），我们买了自己的第一套房子，我与朋友们也开始经营一个小小的叫作Table Group的咨询公司。不可置信，就这样过了九年，我也越来越忙。

自此之后，我们的家庭逐渐壮大（又多了两个男孩），公司也慢慢走上正轨。我又出版了其他五本书。让我惊讶的是，我陆续被邀请为多家优秀的机构、企业、学校，当然还有教堂进行咨询服务。这么多的机会都得益于我的第一本小小的书，这真的是意料之外的事。

十多年前，我开始给一些不同规模和行业的CEO们提供咨询服务。随着时间的推移，我发现了一些他们共有的特质——实际上算下来是五个，这五个问题不断困扰着这些领导者们，当然我很自然地就做了自己的习惯处理，不断地谈到这些问题。

我给任何感兴趣的人传递我的理念，逐渐地，我也意识到人们是认可这些说法的。某天我的一个客户说："帕特，你应该写本书。"我一开始没当回事，就当他是恭维了，但他又说："如果你不写的话，将来的某一天其他人肯定会写。"所以我就决定试着写下来。

因为想把我的写作兴趣融进去，所以我采用了寓言的方式来写这个故事。在我妻子和一位至亲好友的支持下完成初稿，但并未对它有一天能够出版面市抱有希望。事实上，当时我和Table Group的同事曾经讨论过先把手稿拿去复印，供我们的一些潜在客户参考。

最后，我们决定把原稿投给几家出版商，没想到第二家就给我们回复说愿意尝试出版这个独特的小寓言。

书出版后的第一年，《CEO的五大诱惑》成为一些书店的畅销书，所以乔西—巴斯出版社（Jossey-Bass）又跟我约了另一本书。几年后，当我看见客户使用我提出的领导力模型来管理团队时，我决定开始着手写我的第三本书——也是目前最畅销的一本——《团队协作的五大障碍》，该书的基本理论来源于《CEO的五大诱惑》一书。回首往事，我从未想过有一天我能够做到这一步。

近年来一些读者问我，为什么我会认为我的理论模型能被很好地接受？在过年的十年里我自己对这些理念有什么新的感悟？

两件事浮现在我的脑海里。

第一件事是《一分钟经理人》（*One Minute Manager*）的作者肯·布兰佳多年前在听过我的一次演讲后告诉我的。他在后台找到我并告诉我，我所阐述的五大诱惑实际上源于《圣经》。这是这些年我越来越认可并且欣赏的一个说法。

第二件事是我很惊讶于读者们竟如此喜爱本书所提供的模型的简洁性。我始终认为世界充满太多需要适应的智慧和复杂的未知，但我们真正缺少的其实是对已知进行充分但简单的表述。引用我最喜爱的作者塞缪尔·约翰逊所说的一句话："去引导而不是去指导人们。"

我希望《CEO的五大诱惑》更多的是引导大家去重新认知那些我们已经知道的简单理念，或许是那些对我们来说已经根深蒂固的理念。我希望为那些在公司管理上真正遇到困难的领导者或经理们提供帮助。

帕特里克·兰西奥尼

2008年4月

此书献给我的父亲、母亲，我的夫人劳拉，以及我的新生儿子马修和康纳！

目　录

引　言

担任一家公司的CEO（首席执行官）是一个人在职业生涯中所能面临的最严峻的挑战之一，但是它其实并不复杂。

有些CEO，特别是遇到麻烦的那一些，可能并不认可这个观点。他们会告诉你他们的工作充满了错综复杂和难以捉摸的因素，而这令成功根本不可预期。如果公司经营不善，他们会找出一连串的理由，例如，战略错误、市场份额不佳、竞争对手，以及技术难关等。然而，这些只不过是他们所面临问题的表象。

所有失败的CEO——大部分人同时或不同时间——犯了相同的基本错误：他们全都陷入了一些诱惑当中。

如果一个CEO的成功仅由几个行为决定，那么，为什么没有更多的人成功呢？为什么他们依然盯着同样的财务报表、产品研发计划和市场报告寻找解决方案呢？我认为露茜·鲍尔对此做出了最佳回答。

在电视剧《我爱露茜》（*I Love Lucy*）中有这样一个片段：一天，露茜的丈夫里奇下班回到家中，发现露茜四肢着地在客厅里趴着找东西。他问她在干什么，她解释说自己的耳环不见了。"你是在客厅丢的吗？"里奇问。露茜回答道："不是啊，是在卧室丢的，可是这里的光线要亮得多。"

对于许多CEO来说，管理一家公司时就类似这个小故事里的情景，你所能感知到的光线最亮的地方是在市场、战略规划和财务方面，相反，对自身行为进行反思是痛苦且不安全的。遗憾的是，他们在自己觉得舒服、安全的领域很少有真正对公司有利的重大改进机会。

即使相对而言较为激进的领导者也常常待在自己内心的"客厅"，他们宁愿待在舒适的安全区，追逐管理趋势和领导潮流，想借此找到无痛良方去解决自己的问题。有些方法在一段时间内会起作用，但它们会逐渐失效，最后还是会让领导者们面对那些最初给他们带来麻烦的基本问题。本书将就这些基本问题进行探讨。

遗憾的是，大多数领导者其实凭直觉就已经发现问题所在，但他们中的很多人不知道怎么办、如何下手。相反，他们在无意识地将自己过度投身于一些事务性细节时，会在不知不觉中把自己和别人的注意力从他们个人的领导问题上转开，而这常常导致在本不该复杂的地方把问题复杂化。

从本质上讲，他们的所作所为正在把公司的成功置于危险境地中，因为他们不愿意面对并克服CEO的五大诱惑。

第 *1* 部分

寓言故事 ▶

风雨欲来

安德鲁·奥布莱恩是三一系统公司的CEO。在过去的五年里，他从未最后一个离开办公室；实际上，自从他接任CEO后就从未在旧金山的办公室一直工作到深夜。

而今晚，他已经立在窗前很久了。夜幕下的旧金山，窗外灯光勾勒出建筑物的轮廓，仿佛触手可及，又仿佛远在千里，与平日所见的景象大不相同。他凝望着窗外的景色，不禁自问：怎么会成现在这样子了呢？

明天是安德鲁任职一周年纪念日，也是他任职后召开第一次董事会议的日子。在这次董事会议上，他将汇报整个财政年度的经营情况并做履职一年的工作报告。不过，对明天可能要面临的情况，在安德鲁看来就是小事一桩！

因为，与之相比，更加困扰他的是他的精神状态。最近很长一段时间，走在公司的走廊里，他感觉不舒服；主持自己的高管会议时也不是很自在。当然，对于明天与董事们的会面，他也没有什么期待。他认为，这些董事对他可能不会太严厉，但也不会对他赞赏有加。

安德鲁·奥布莱恩不得不承认，他正处于他CEO任职期的低谷，但这低谷期到来得如此之快，是他始料未及的。

然而，接下来发生的事让他深刻体会到什么叫祸不单行……

深夜乘车

凝视着窗外的海湾大桥，安德鲁突然意识到竟然没有车辆向东开往奥克兰，这看起来多少有点奇怪。因为在往常，他总是惊讶于晚间各时段街道上都充斥着各种车辆。他看了看桌上的时钟，此时是午夜12：02，实际上平时即使在这个时间，桥上也是车来车往。除了发生地震，旧金山的车流从未真正停歇过。

接着，他突然想起什么来……

安德鲁的脑海中闪现出橘红色的路标，在过去的两星期内，他每晚驾车回家时都会看到它们，上面写着：

> 3月4-5日
> 午夜12：00-凌晨5：00
> 海湾大桥因施工关闭

安德鲁没有想到他会在这一时刻过桥，他的脑子从一片混沌中慢慢清醒过来：他今晚没办法开车回家了！当然，除非绕道，那就是，先穿过金门大桥，再从里士满大桥往回行驶，下到80号州际公路，再上到24号高速公路，然后再往……唉，还是算了吧。这样走得开一个多小时的车，而明天会议之前至少还得工作两小时，这怎么看都不是个好主意。

假如是在其他任何晚上，安德鲁都会住进办公室附近的一家提供全方位服务的宾馆，把衣服交给夜间干洗部，第二天早上便有熨烫整齐的衬衣穿了。但是今晚，他异常想念自家那张温暖舒适的大床，哪怕只睡几小时；他还非常想在早晨起床时看到妻子和孩子们的笑脸——尽管安德鲁从不想承认，但他的确需要一点点精神上的支持。

于是，他把文件放进公文包，抓起外套，向门口走去。

除了大厦门口那个叫班尼的流浪汉之外，楼下的街道和楼上的办公室一样，空无一人。每当生活中有不顺心的时候，安德鲁就会想到班尼的境况，以此来舒缓自己的心情。然而今晚，这一招似乎不起任何作用：九小时后即将召开的讨厌的董事会会议就像压在他心头的沉沉的夜幕。

安德鲁一边机械地走向两条街区之外的湾区快速公交车站，一边想着他有多久没有乘坐公共交通了，八年还是十年？

乘自动扶梯下到地铁候车站时，安德鲁惊讶地发现周围一个人也没有，湾区的电力火车站空荡荡的。

从设在墙上的售票机上买了一张车票后，他走上站台，在一张长凳上坐了下来，等待列车的到来。令他奇怪的是，自己竟然一点儿也没感到不自在：十年的时间就这样在不知不觉中匆匆过去了……他轻声地自言自语。

他刚想把文件从公文包里取出来，列车就进站了。当前几节车厢从他面前掠过，列车开始减速时，透过缓缓闪过的列车车窗，安德鲁注意到，车上竟然没有人，至少当时他是那么认为的。

怪人查理

安德鲁在靠近车门的第一个位置上坐下后，突然感到浑身的力气似乎被掏空了。他本想在前往郊区的30分钟车程中再工作一会儿，结果发现自己只想待在那儿，一动不动，只是呆望着那张用不同色彩标注的交通路线图，似乎在仔细琢磨着湾区的地理布局，实际上，他只想做点让自己的思绪能够远离董事会议的事。

就在列车即将驶入海底隧道的黑暗中、安德鲁刚要闭上眼睛的时候，他身后通向另一节车厢的门打开了。安德鲁转过头，看到一个身穿制服的老年人步入车厢。他看上去像一个列车值班员，他的灰色衬衣口袋上缝着两个字"查理"，这应该是他的名字。

忽然间，安德鲁感到空气中有一丝莫名的不自在——我要和他说话吗？他犹豫了一下，当然，车上没有其他人，这位老人肯定期待着我与他打招呼，可我该说些什么呢？

这种情绪让安德鲁瞬间有些困惑：六个月前股价下跌的

时候，他镇定自若地与来自金融电视网的记者们侃侃而谈；在营销会议上，他更是胸有成竹地向200多名分析员进行演示和介绍情况。然而，今晚、此刻，却由于某种无法解释的因素，安德鲁感到不自在，甚至有些紧张，其实，他要面对的只不过是与一位老人互致午夜的问候而已，这位老人也不过是个列车值班员而已。

然而，还没等安德鲁想出要说的话，白发老人却快速地走过他身边，一言未发，径直进到下一节车厢，很快不见了踪影。

令安德鲁奇怪的是，他非但没有感到轻松，反而觉得列车值班员看都不看他一眼，这简直是对他的一种蔑视。

这时，安德鲁的脑海中又飘入董事会议的事情，他决定开始工作。他伸手还没碰上公文包，车厢内的灯光突然闪了一下，然后变暗，伴随着一阵刺耳的声音，列车停了下来。安德鲁在微弱的灯光中独自坐着，昏暗笼罩在他的周围，他感到一丝无奈，又有些许的害怕，不知道下一步情况是否会变得更加糟糕。突然，通往另一节车厢的门突然开了。

"进来吧，"穿着列车员制服的老人出现在门口，微笑着说，"你还等什么？"说完转身又回去了。

正面交锋

安德鲁仍然呆呆地坐着，犹豫着到底要不要过去。他看着旁边空荡荡的座位，仿佛在向某个不在场的人征求意见，去还是不去。迟疑了一会儿，安德鲁起身跟着老人的身影进到隔壁的车厢，只见那个老人坐在一个背对着门的位子上，吹着口哨。

深夜12点半，这么晚了还搭乘湾区快速运输系统的电力火车，而且竟然还邀请陌生人跟着他，安德鲁判断这个列车值班员老人肯定有些不正常！可是，这个在黑暗的车厢里行走的老人，又是什么样的人呢？

也许是因为实在太累了，也许是因为想不顾一切地分散自己的注意力，也许还有其他原因，安德鲁径直走向老人，在他对面的位子上坐了下来。

坐在对面的老人望着安德鲁，平静而安详。安德鲁还没想好要说什么，老人先开口说话了："你知道吗？这节车厢的供暖是整个列车中最好的。在这样寒冷的晚上，我喜欢到这儿和别人聊聊天。"

"聊聊天？！"安德鲁随口充满诧异地反问道。话一出口，他就立即意识到自己问了一个可笑的问题，倒不如问"你要跟谁聊天呀？"更应景些。

老人笑着，意味深长地说："和你聊啊，聊你想聊的任何事。"

这倒把安德鲁给弄困惑了，便问了一个显而易见的问题："对不起，先生。我认识你吗？"安德鲁是个很绅士、很有修养的男人，他总是把陌生人称作"先生"，特别是老年人，即便对方是个普通的列车员也如此称呼。

老人笑了笑说："嗯，现在我们还不认识。"

听到老人这样说，安德鲁忍不住在心里嘀咕："我的感觉没错，这人果然是个疯子！"随即，他的语气变得温和起来，在这样的人面前要显示出自己的优越感，安德鲁挺了挺脖子，问道："这么说，你是在列车上工作了？"

"怎么说呢？有时是的，如果这儿需要我的话。"老人回答得很平静，"你是干什么工作的？"

安德鲁一时不知该如何作答，说："噢，我想我是搞技术的。"

"哪方面的技术？"老人继续问道。

"差不多包括所有方面，从计算器到商业电脑系统，我们都做。我所在的这家公司的名字叫三一系统公司。您听说过吗？"

"噢，我听说过那家公司。"

安德鲁看了老人一眼，怀疑他只是假装知道自己所在的公司。

老人继续问道："这么说来，你是一个技术人员了？"

安德鲁停顿片刻，打算只回答"是"，就不再往下讲了。可是，不知什么原因，他突然想告诉老人自己是谁："说实话吧，我是这家公司的CEO，名叫安德鲁。"

"噢，我叫查理。很高兴认识你。"

老人一边说着，一边向安德鲁伸出了手。安德鲁在握住老人的手的时候，他注意到老人很淡定，老人并没有在自己提及头衔的时候有任何敬畏或羡慕的神色。他到底知道不知道C、E、O这三个字母是啥意思啊？安德鲁不禁怀疑地盯着老人打量了一小会儿。在一段尴尬的沉默后，他问老人："那么，你是做什么的呢？"

查理微笑道："嗨，安德鲁。我们来这儿，不是谈我的，还是谈谈你吧。"

这个回答太奇怪了。安德鲁对老人古怪的回答感到不可思议，也让他暗自发笑。但突然想到第二天的董事会议，却让他又笑不出来。"其实我本来准备在回家的路上干一些工作的，明天我有一个重要会议，还有很多事要做。"安德鲁这么说是想把老人打发掉，可话一出口他就感到似乎有些唐突。

"哦，对不起。"查理很有礼貌地说，"既然你非常忙，那我还是走吧。"他站起身准备离开，安德鲁也没打算挽留他。

但就在这时，车厢里的灯突然闪了几下，几秒钟后灭掉了，然后又亮了起来，接着又彻底灭了，一动不动的列车陷入一片完全的黑暗之中。

安德鲁听见查理的声音在黑暗中响起："别慌，年轻人，坐在这儿别动。"老人话音刚落，一束亮光在安德鲁面前晃动起来，安德鲁定睛一看，老人手中拿着一只手电筒。安德鲁有些奇怪他怎么这么快就准备好了一切，不过，亮光让安德鲁安心了一些，也就没再问什么。

这时，老人又开口了："估计我们要在这儿待些时候了。待着也是待着，要不和我聊聊你在烦些什么呢？"他说得很自然，自然得让安德鲁感觉这一切就像这个老人刻意策划的一样。

透过手电筒的亮光，安德鲁凝视了查理几秒钟，突然觉得自己好像中了魔法一样，不由自主地说了句："好吧。"

他甚至都不敢相信话是从自己的嘴里说出来的。我就这样把我的问题告诉一个素不相识的老头？我怎么显得这么迫不及待啊？安德鲁觉得自己有点不争气，咋就这么不顾一切地就答应了人家呢。但，话已至此，只能豁出去了。安德鲁清了清嗓子说："我不知道你对商业了解多少，是否搞过经营。你知道，CEO真不是人做的，真的是一个伤脑筋的事。"

"是吗？"查理看上去很惊讶，"不是人做的？伤脑筋？那你说给我听听。"

"怎么说呢，查理，我得先把丑话说头里。"安德鲁顿了顿，试图找出最委婉的表达方式，"我不能保证我所说的一切会让你老人家感兴趣。"

查理皱了皱眉头，起初，安德鲁以为他的话冒犯了老人；这时，查理站起身来。

他神秘兮兮地环视了一下空荡荡的车厢，探过身像说悄悄话一般对安德鲁耳语："听着，安德鲁，在我还是个孩子的时候，我父亲就掌管着一家公司，我从他那儿学了两手。我不轻易说这个事，因为我不想让别人认为我在吹牛。"

安德鲁努力表现出好奇和崇拜的样子说："真的呀！什么样的公司？"但他在心里估计，所谓的"公司"无非就是一家五金店或干洗店吧。

"是一家铁路公司。"查理淡淡地答道，"但那无关紧要。我父亲常说，做公司就是做公司，不关乎业务的类型，管理的事情都是差不多的。"

安德鲁怀疑老人是在编故事，但他突然很想让这场游戏继续下去，反正黑灯瞎火的，权当打发时间吧。

"他真是这么说的吗？"

"哦，是的。他还说过另一句话。安德鲁，别误会，因为我相信你肯定非常称职。不过，我父亲曾说过经营一家公司，并不是一件十分伤神的事，你明白我说的意思的。他常说'人们把事情复杂化是因为他们害怕面对简单的问题'。这差不多是他的原话。"

这句话刺激到了安德鲁，他有点恼怒地回应道，"查理，我好奇的是，你这个铁路公司总裁的儿子怎么成了一个电力火车上的列车员了呢？"

出乎安德鲁的预料，这个尖刻的问题并没有让查理恼火。相反，查理似乎对安德鲁还增添了一种亲近感。"得了，安德鲁，我当列车员与你的问题有什么关系呢？如果你认为我没有任何有价值的东西与你分享的话，就直说。我会高兴地去下一节车厢找另一个CEO聊天儿去。"

安德鲁很佩服老人的自信和乐观。头脑里想象着他与火车上另一个人（也是一个CEO）攀谈的场景。安德鲁笑了，这场面有点滑稽啊。但安德鲁还是决定对这个老头儿宽容一点儿。

"这么说来，你认为我把事情搞得太复杂了，对吗，查理？"

查理的回答很诚恳："我不能肯定，安德鲁，因为我现在不在你的位置上。但从道理上来说，做一个CEO不应该那么艰难吧。"

他刻意停顿了一下。

"当然，除非你做得很失败。"

查理在说这句话的时候，两眼紧盯着安德鲁，洞察一切的样子，这让安德鲁顿时感觉有一种无处可逃的难堪，脸颊一阵阵发烫，耳朵似乎也开始灼热起来。在这微弱的手电筒的光线下，安德鲁的脸色和表情的骤然变化，被查理看得一清二楚。

"安德鲁，你觉得你现在失败了吗？如果是，那我们必须谈谈。我当然希望你抵制住了那些诱惑。"语气中带着一种关切和急迫，查理快速地问道。

安德鲁稍微坐直了身子，很干脆地说道："听着，查理。我没有失败。公司目前只是出了些状况，当然原因很多也很复杂，一句两句也说不清楚。而且，我也不认为我是一个败将……"

安德鲁停顿了几秒钟，疑惑地问道："你刚才说的'诱惑'是什么意思？"

"我的意思是，如果你确实很失败，当然你似乎不是这么认为的，但假设是吧，你肯定向CEO面临的五大诱惑中的某种诱惑让步了、妥协了。"查理的声音由轻缓变得高昂，继而又很委婉，"但愿不是这样吧。"

当查理说这些话的时候，安德鲁突然觉得当下的场景很可笑：这深更半夜的，坐在旧金山湾区快速运输系统的电力火车上，我就这么听一个古怪的列车员对我这个CEO指指点点，说我的事业失败，这是多么荒唐的事啊！他想终止谈话，回过神来好好想想明天的董事会议要怎么对付。然而，被那个列车员挑起的好奇心让他忍不住问："刚才你提到了五大诱惑，我有点兴趣，能大概说说吗？"

查理顿了一下说："先休息几分钟，待会儿我有一些问题要问你。"

　　这样也好，折腾了那么长时间，是该休息一会儿了。安德鲁深深吸了一口气，看了看手表，顺势把身体向后以一个舒服的姿势靠坐在椅背上。

诱惑之一

"安迪，能和我说说在你过往的职业生涯中最美好的一天是什么吗？"老人直接称呼安德鲁的昵称，问道。

安德鲁很想让老人别叫他安迪，因为，从商学院上学起，他就特别讨厌这个昵称，但又觉得没必要为这个小题大做，就回应道，"你的意思是——"

查理抬起手，像一个慈祥的长辈般，打断了安德鲁："不要把问题想复杂了。你只要告诉我哪一天是你感觉最美妙的一天就行。"

安德鲁考虑了一下，回答道："最美妙的一天，那就是我被提拔为CEO的那天，到明天为止正好一年。"

查理似乎对这样的回答感到有点儿失望，追问道："为什么？"

这个问题让安德鲁感到诧异："天哪，查理！这还用问吗？被提为CEO是一个人在职业生涯中很辉煌的一大步啊！我用了20年的时间才到达这个位置，这难道还不值得被记住吗？"安德鲁显得有点激动。

但查理好像对这样的回答并不满意，以一种默然的口气问道："那好吧，仅次于那一天的是哪天？"

安德鲁深吸了一口气——这老头真无聊，问得可真够仔细的！既然问到了，那就和他说说吧。安德鲁和查理描述起他首次被提拔为副总裁的经历，并强调就是那次提拔让他的年薪第一次"突破了六位数"。

听完安德鲁的讲述，查理意味深长地点了点头，仿佛已经明白了某些事。"好吧，安迪。我不想太直接地评价，可是——"

安德鲁打断他说："查理，你想怎么评价就怎么评价吧，别人不都是这样直接吗，谁还顾忌我的感受呢？"说完，安德鲁无奈而疲惫地笑了笑。

老人身体前倾，把手放到了安德鲁的膝盖上："听着，安迪。我不是来让你难堪的，你也不要误解我。我只想和你说说你犯的错误，可以吗？"面对老人真诚的目光，安德鲁不由得点了点头。

"我认为你已经陷入了我要说的五大诱惑的第一大诱惑中了，而这种情况是最难改善的。"老人说得很坚决。

安德鲁很想一笑置之，但老人的言语中那种毋庸置疑的肯定，让他无法马上用有力的言辞来回击对方，为了不让查理觉察到自己的不快，他有意提高音调，用轻松的语气说："查理，这是怎么回事？一上来我就没戏了？"

安德鲁的故作幽默丝毫没有减少查理说话的严肃劲："有可能。有些人就是不适合当CEO。"

此时，安德鲁再也无法表现出幽默了，提高了嗓门反问道："是什么让你认为我不适合做CEO呢？你说的第一大诱惑是什么意思？我又怎么陷入了第一大诱惑了呢？你说……"

就像在病床边告诉病人癌症诊断结果的医生在慎重考虑措辞一样，查理沉吟了片刻说："哦，我还不能完全确定。但在我看来，似乎你更在乎的是你的职业发展、职业地位，而不是带领公司有所成就。"

安德鲁看上去有些迷惑不解，于是查理继续说下去。

"我给你举个例子吧。"查理盯着车厢顶思索了一会儿，"好，找到一个。想象一下，如果我问一个政治家，或者干脆就问美国总统一个同样的问题：'总统先生，您的职业生涯中最重要的一天是什么？'一位伟大的总统会怎样回答？"

安德鲁耸耸肩，不知道如何作答。

"或者问一个社会福利机构的主管，甚至职业篮球队的教练，想想他们会怎么说呢？"

安德鲁开始对老人的东拉西扯有些不耐烦了："你到底想说什么呢？查理，别卖关子了，你就直说吧！"

"假如美国总统说他职业生涯中最了不起的一天是他竞选胜出的日子，或者是他就职当总统的那一天，"查理停顿了一下，看到安德鲁面无表情，便继续说道，"那家社会福利机构的主管说，她最引以为傲的瞬间是她从政府得到拨款的那一刻；而那个篮球教练说他最重要的一天是与一支球队签订合约、自己的身价飙升的那一天。当他们这样说的时候，你有何感想呢？"

安德鲁皱了皱眉头，疑惑了："让我说的话，他们的回答非常实际呀。"

"他们的回答听起来是没问题，但它们太实际了，问题就出在这儿。"查理斩钉截铁地说道。

安德鲁仍然是一副迷惑不解的样子。于是，查理压低声音，像讲故事一样，娓娓道来："你知道当我问我父亲哪一天是他职业生涯中最美好的一天时，他是怎么回答的吗？"

安德鲁摇了摇头。

"他说，要么是铁路公司开通第一条西密西西比客运线的那一天，要么是公司第一次赢利的那一天，很难说哪一天更美妙。"

此时，安德鲁静静地听着，似乎明白了些什么；查理看他一副专心的样子，便接着说了下去。

"你知道，一个总统之所以伟大，不是因为他的当选，而是因为他成就了某些伟业；福利机构的主管也不应该获得了资金就沾沾自喜，除非她能利用这些资金做些造福他人的事；优秀的教练也不会说，他最美好的一天是受聘的那一天，因为赢得比赛和夺取冠军才是衡量他优秀与否的唯一标准。"

安德鲁有点不同意查理的说法，他想同查理争辩一下。

"这么说，你认为人们不应该为达到职业生涯中个人的里程碑而感到自豪？"

查理笑了。

"为自己职业生涯的一个个升迁的里程碑感到自豪，这是完全可以理解的，但这种自豪与在自己的职位上做出实际成果而拥有的那种自豪感根本无法相比。事实上，杰出的CEO差不多都是被成就伟大事业的欲望所驱动的。推动他们前进的动力，是出于成就，而不是自我意识。"

安德鲁感觉到有点奇怪："谁说一个人不能以自我意识为驱动，从而取得成果呢？许多CEO都具备强烈的自我意识。"

安德鲁的反驳使查理一时怔住了，但仅仅是几秒钟："你说得有道理。一个CEO有可能被自我意识驱动……"安德鲁松了口气，一晚上终于被这老人家认可了一次；但查理紧接着又澄清道："不过，那种情况不会持续太久。"

"为什么？"安德鲁迫不及待地问。

"原因很简单：如果一个人被自我意识所驱动，他在获得了新地位、得到自我的满足后，往往会本能地利用这种地位享受各种便利，这就会造成他工作时间更短，更关注舒适、稳定和已有的地位而不是公司的业绩。"安德鲁若有所思地点了点头，表示同意查理的观点。于是查理继续讲下去。

"他什么时候会再次努力工作呢？那就是当公司出现不良征兆、他的CEO地位受到威胁时。他真正关心的只是自己的形象，而不是出于对公司的关心。"

"为什么今晚你工作到这么晚？你平时每天都工作这么长时间吗？好像不是这样的吧。"查理的话题又回到了安德鲁的身上。

安德鲁有些没跟上查理的话题的变化，回答时并没把这个问题与查理的观点联系起来。"噢，不。我平时在晚上7点以前回家。今天这么晚是因为明天要开个董事会议，而且还有些麻烦……"

突然间，安德鲁好像明白了查理问话的真正意思，有点顿悟了。他稍稍低下头，目光低垂，默默地坐在那儿，思考着，似乎忘却了查理的存在。

过了一会儿，安德鲁从沉思中清醒过来，抬起眼光正视着老人，平静地说道："查理，我同意你的观点，你说得很有道理。我承认，作为一个CEO，我的确在很多时候很容易过分在乎自己的职业、地位甚至自我，甚至因此而患得患失。而在此之前，我并没有意识到，所以，感谢你的忠告，我会努力解决这个问题。"

坦然向老人承认了自己的不足，安德鲁瞬间如释重负，心中一阵畅快，同时也为自己表现出能够正视自己的豁达和宽厚感到欣慰，看看对面坐着的老人，似乎也并不像先前看上去的那么不正常了。

然而，安德鲁的好心情只持续了两秒钟，查理紧接着的一番话，又让安德鲁感觉今天晚上肯定不会那么轻松了："安迪，解决这个问题是个十分困难的事，不是一蹴而就的，有时它已经深入骨髓变成你的下意识了，况且，即便你能够抵制住我刚才说的第一大诱惑，还有其他四个诱惑，稍不留神，照样也可以毁掉你呢。"

诱惑之二

安德鲁深深地吸了一口气，强压住心里涌出的一丝不耐烦："这话可不太中听啊，查理，非常消极。"

"不是消极，只是让人难以接受。我之前说过，做一个优秀的首席执行官，是非常具有挑战性的，也是相当难的。但是记住——"

安德鲁用略带着嘲讽的语气打断道："我知道，但似乎并没有你说得那么难。"

"其实，你并不真的相信，是吧，安迪？"

"坦白地说，到现在为止我还不相信。你接着往下说。"

查理把手电筒放在旁边的座位上，光束笔直地指向白色的车厢顶部又反射开来，周围似乎亮了一些。"好吧，我们继续。假设你做不到心无旁骛全身心投入事业，而你又要为你们公司的结果负责——如果你抵挡不住第二大诱惑的话，你还是会失败。"

"这第二大诱惑是什么？"

"希望在直接下属中赢得声誉而不是对他们负责。"

安德鲁等着听查理还有什么其他话，但他不再说了。安德鲁便问道："就这些？"

"你说的'就这些'是什么意思？"

"我的意思是，在当今的商界，责任感是用得最多的一个时髦词儿。每当出现问题时，人们总说某某人缺少责任感。"

查理并未因为自己的理论遭到轻视而有所恼怒。安德鲁又接着说："至于说声誉，那是上高中的孩子谈论的话题。"

查理微笑了一下。"我告诉过你我说的都是听起来很简单的道理。"

不等查理完全说完，安德鲁大声地说道："是的，但我可以告诉你，在责任心和声誉方面，我没有什么问题，没必要谈这个话题了，你就接着讲你的第三大诱惑吧。"

"可以啊，但别着急，先让我问一下你为什么这么确定呢？"

安德鲁强忍不耐、摆出一副完全明了的模样解释说："例如，上周我解雇了市场主管。必要时我是不怕采取行动的。"他有些沾沾自得地说。

查理却流露出一脸怀疑的样子："我明白了。"

老人的迟疑让安德鲁感到有些恼怒了，但他还是想知道查理在想些什么："你不信？"

查理收起脸上的迟疑，带着歉意说："对不起，安德鲁。我只是在想你混淆了某些概念。你不介意我就此问你一些相关的问题吧？"

"请吧。"

"好。你能说得具体点吗，你为什么解雇这个市场主管？他叫什么名字？"

"他叫特利。我解雇他是因为他完不成任务。他来公司十个月了还不能完全适应工作。开会前不做任何准备，设计的广告毫无创意，无法提供销售部需要的潜在客户信息。"安德鲁听上去像在试图说服自己。

"那你做什么了？"查理平静地问道，语气中没有丝毫谴责的意思。

"我刚才说了，我把他给解雇了。"

"我问的不是这个。我的意思是，在他来公司的这十个月中，你都做了些什么？我想，在你解雇他之前你肯定就某些事跟他谈过吧。"

"当然。我跟他谈过好多事。我对待特利和其他人都一样，都一视同仁。但说实话，我必须得承认，与其他下属比较起来，我更喜欢特利。"

"你知道他有问题？"

"哦，是的。我们的销售部主管说他得不到足够数量和高质量的潜在客户信息，而且，我们都认为他做的市场宣传不值得一做。"

"那你对特利说过什么？"

安德鲁想了一下说道："我告诉他，销售部主管詹妮斯需要更多高质量的潜在客户信息；另外我也和他提过我更喜欢去年的广告，而不是他新做的广告。"

"特利怎么说？"

"他说他还在学习，还需要掌握些窍门。我觉得他说得有理，毕竟他还是个新手，态度还是相当不错的。"

"后来情况有变化吗？"

"没有太大变化。于是，我问他原因，他说前任市场主管留下的局面比他预想得要糟，还说要想扭转局面得需要更长的时间。"

"那你在这件事上采取了什么具体措施吗？例如，给他警告、降工资，还是其他类似措施？"

安德鲁皱起眉头。"没有。给他降工资，那有点太狠了吧；他也不容易，拖家带口的，把家从几千千米外搬到这儿。"

"那就是说，你并没告诉他你对他的工作不满意，再不做好的话，有可能工作都保不住了？"

"的确没告诉他。你知道的，我怕我这样说的话，搞得他压力山大，更会影响工作。我想随着时间的推移，情况也许会改善。"

"然后呢？"

"三周后，我把他解雇了。"

说完这句话，安德鲁看见查理死死地盯着他，有点无奈的样子，一句话也没说；两个人就这样互相凝视，相对无语。接着，查理仰起头放声大笑，安德鲁也只好尴尬地陪着笑，一副心里没底的样子。

笑过之后，查理很平静地问道："你就这样把他解雇了？"

安德鲁感觉到查理的问话中有质问的意思，这让他有一丝不安。他不由得替自己辩护道："我解雇他是有充足的理由的。在公司的销售状况仍然没有起色的情况下，特利上个月在《今日美国》（*USA Today*）上刊登了一则糟糕透顶的广告。董事们纷纷给我打电话质疑这件事。所以，我认为解雇他是正确的。"

"特利什么反应，他诧异吗？"

"哦，是的。我简直不能相信，他在我面前竟然差点要哭出来了。在那一刻，我有些触动。"

"哦，当时你有啥触动？说给我听听。"

"那就是他不知道自己的工作干得如何。他应该早就知道自己有麻烦了，我的意思是，我们每次会议上都说要收集更多潜在客户信息，可是特利竟然丝毫没有意识到他的问题，工作一点进展都没有。"

查理皱起眉，眯起眼，似乎在犹豫是否要说出自己的想法。

"怎么了？"看着查理这个样子，安德鲁问道，"你说吧，没关系的。"

"安德鲁，"查理选用了正式的称谓，"那我就直说了，可以吗？"

"当然可以。"回答得虽然干脆，但安德鲁还是明显有些言不由衷。

查理以几乎不带任何责备的口吻问："你为什么不告诉特利，如果工作没有进展你将会辞掉他？"

"我刚才说了，我们经常开会讨论客户信息收集工作，每次——"

查理打断他道："是的，我知道。你们总谈论客户信息收集问题，但这与告诉他有可能会丢掉工作是两码事儿，不冲突。"

安德鲁感觉老人说到了关键，既有点佩服，也有点沮丧。可老人继续说道："我们假设一下啊：如果明天董事会宣布解聘你，你会惊讶吗？"

这话戳到了安德鲁的痛处，他差不多是厉声对老人说："怎么可能，董事会是不可能会解聘我的！"

老人抬起手，拍了拍安德鲁的大腿："对不起。我并不是说他们确实要做那样的事情，只是——"

安德鲁也觉得自己刚才的态度有些激烈了，很快镇定下来，插话道："我知道你的意思，查理。对不起，刚才有点冒犯了。请你理解啊，今天我压力特别大，时间又这么晚了，而且——"

安德鲁停了下来，突然不知道该如何表白自己了。他和查理就坐在那儿，沉默地凝视着车窗外的黑暗。

终于，安德鲁打破了沉默："查理，你刚才没说完，你想说什么呢？"

"那并不重要，安迪。我不想让你难过，真的不想。"

"你并没有让我难过。时不时被推出自己的舒适区是件好事，我在什么地方读到过这种说法。"

他们俩都笑了起来。

"请你继续往下说，查理。"

"好吧。我刚才想说的是，假如明天的董事会突然宣布撤掉你的CEO职务，我是说在此之前，并没有任何征兆，你突然间就被撤职了，你会有什么反应呢？"

"呃，我当然不会高兴了。"安德鲁回答道，语气平静，显得理智多了，"可事实是，这种情况经常会发生。董事会事先是不会给CEO多少警告和建议的，他们不是CEO的经理人。在我看来，他们主要是起控制作用。"

"的确如此。不过，你却是特利的经理，你得对他负责啊。"

安德鲁思索着查理的话，疲惫地揉了揉眼睛。"我其实并没有真正地把自己当作特利的经理，我也不认为我是詹妮斯的经理，或者是菲尔、汤姆、玛丽，以及团队中其他什么人的经理。"

"为什么不呢？"

"如果他们是初出茅庐，我可以告诉他们如何工作；但事实是，他们工作经验丰富、资历很深，是各自领域的专家。这还需要我告诉他们怎么去做好工作吗？"

听到安德鲁这样说，查理会意地笑了。

安德鲁明显感觉到了查理的笑容中透着的不赞许，他试图去解释，没有意识到他的语速明显比之前快了许多、语气也更强烈了："好吧，查理。我之所以没和特利事先说他可能会丢掉工作，是有原因的：第一，他比我年长近十岁，和我叔叔年龄相仿。告诉一个总让我想起自己叔叔的人说我要辞退他，是非常古怪的，你能理解这种感受吗？第二，关于营销，他是专家，比我懂得多，我的专长是电机工程。我又怎么能事后批评他的决定呢？第三，特利是我的团队中为数不多能说说心里话的人，也许还是给我支持最多的人。我不想失去这样的左膀右臂。"

"所以你其实是有些担心，如果你告诉他你的意图，他可能就不会一如往常地喜欢你支持你，也可能不会再与你无话不谈了，是不是？"

安德鲁微微点了点头，查理于是接着往下说。

"你其实害怕不被人喜欢？"

"算了吧，反正我已经辞了他。"安德鲁有些恼火了，想回避这个话题。

听到安德鲁这样说，查理的态度明显带着不赞同的意味："好啊，这样的话你就省心了，眼不见，心不烦。是吗？我想和你说的是'让一个人为某事担责，做不好再处理他；这和直接辞退他，不再和他打交道了，是两码事。'"

安德鲁显得有点疑惑，眉头不由得皱紧了，他仔细揣摩着老人的意思，坐在那儿不知该如何接话。查理察觉到自己说得太直接了，便紧接着说："对不起，这只是因为——"

安德鲁似乎仍然沉浸在自己的思绪中，根本没听到老人的道歉，也没有意识到自己打断了他："你知道吗，查理？我明白这个结果是很糟糕，但其实很多CEO都做过和我同样的事情，因为很多事情往往不像你说的那么简单，我们不得不与各种各样的人打交道、面对纷繁变化的状况，而采取不同的措施。"

查理平静地回答："是的，这种事的确很普遍。但是，那是因为他们不明白让一个人先承担责任与直接辞退这个人有本质的区别。"

安德鲁耸耸肩，似乎不想再继续这个话题。

查理话锋一转，说道："安迪，你知道我父亲在任铁路公司总裁的17年里辞退过多少人吗？"

安德鲁摇了摇头。查理抬起手，伸出五个指头。

安德鲁难以置信，他转了转眼睛揶揄道："他是经营一家铁路公司还是在做慈善机构啊？我不是要对你父亲不恭敬啊，可那太荒唐了。"

"你误解我了。我说我父亲只辞退了五个人，这并不包括因不称职而主动离开公司的人。"

"你的意思是？"安德鲁有点没完全明白。

"我的意思是我父亲在公司里极其看重员工的工作表现。为他工作的人都知道，他们要么出成绩，要么走人。"

"那他是怎么做到没有辞退更多人的呢？"

"因为他明确告诉人们他的期望是什么，并且不断提醒他们。当他们不能达到他的期望时，他清楚地向他们表明后果，不管那后果是关于工资、奖金方面的惩罚还是其他方面的。慢慢地，在公司里形成了一种文化，每个人都要为结果负责，如果他无法改善现状，达不成结果，他就会选择自动离去。"

老人的话彻底激起了安德鲁的好奇心："我很好奇，那五个最终被你父亲辞退的人是怎么回事？"

"他们中的两个违反了公司的条例，我父亲倒是没告诉过我他们因何违反的。另外三个是因为不承认自己的过失，也不愿意主动辞职，所以我父亲就辞了他们。"

"听起来你父亲好像很强硬啊。"安德鲁带着称赞的口吻说道,不能否认,这是他喜欢的风格,他觉得他有点喜欢上查理的父亲了。

"对,我也觉得他确实强硬。但是,据我所知,解雇那些人仍然让他很伤心。虽然他也别无选择。"

"算了吧,他当然有选择。"安德鲁并不认可老人的说法。

"他和我说过,他没有。他告诉我,如果他留下那五个人,他就会让其他人失望。"

"你是指股东?"

"不是。在我父亲看来,他觉得对那些因不能履职而主动离开的人有一种义务,他必须恪守统一的标准,否则对主动离开的人不公平。"

查理停了下来,陷入沉思中。安德鲁能够看出来老人在想他的父亲。

安德鲁想向老人表达对他父亲的尊敬之情,于是说道:"听起来,你父亲是一个很明智的人,查理。我相信他应该是一个了不起的CEO。"

查理点点头。

安德鲁接着说:"不过,你必须得承认,现在生意比过去要复杂一些。别误会啊，我对你父亲还是很敬佩的。"

查理并没有因为这句评论而不高兴："你这样说的原因是什么呢？"

"怎么说呢？现在全球化的竞争加剧，科技日新月异，法律法规也多于以往，情况的确是复杂了。过去，他们有政府保护，有廉价劳动力。你知道，如今的事要难办多了。"

"这么说来，你认为用我父亲的原则处理现在的特别情况，也不会奏效，对吗？"

安德鲁假装沉思了一会儿，然后回答说："说实话，可能不会。"

"为什么不会呢？"

"就像我前面说过的，这个行业比较复杂，而特利是这一行的专家，我在营销这方面比不上特利，说实话，我也不太清楚该让他承担什么责任……"安德鲁话说了一半，不知道该说什么了。

查理在椅子上移动了一下，向前探出身。"那么，让我直接替你说出来吧。你觉得你不是这个领域的专家，因此，如果对一个该领域的专业人士发号施令、指手画脚，好像不合适，也不公平，是吧？但是，当这个人达不到你的期望时，你不经过事先警告就直接辞退他，这难道对他公平吗？

我说得有道理吗？"

安德鲁不知道如何作答，一时又找不到有力的理由反驳，显得有点无奈："事情不像你说得那么简单。"

"事情就是那么简单，这就是问题的关键。事情本身并不复杂，你把它搞复杂了，最重要的原因就是你没有面对自己的问题。"

老人不留情面的评判让安德鲁觉得受到了老人的挑战："好吧，查理，就算你说得有道理，但你能解释一下，为什么你会认为一个有工商管理硕士学位的聪明人会只想着左右逢源，而不想让一个人为自己的工作承担责任？"

"哈，这个问题把我们带向第三大诱惑。"

诱惑之三

车厢里的灯光突然闪了两下，随着一阵轻微的晃动，列车开始缓缓向前移动起来。

安德鲁长舒了口气："终于能走了……"他抬起手腕看了下手表，突然意识到这个举动可能会让查理觉得他有些不耐烦了，虽然这并非他的本意。他立刻用微笑的目光示意老人继续原来的话题。

"那么，第三大诱惑是什么呢？"

然而，查理似乎并不认为他对此真的感兴趣："我说的这些未必对你有意义，你还是按你的想法来吧。"

安德鲁身体往前倾，装作非常有兴趣地答道："好了，查理，别逗我了。总是不能让人们轻松而自愿地承担他们应该承担的责任，这可是困扰我很久的大问题。你不能只跟我讲前面的两大诱惑，我一定要知道另外的三个诱惑。"

查理敏感地察觉到安德鲁外交式的礼貌敷衍，于是温和地说："我想这一切并没有你说得那么糟糕，而且，似乎你也已经明白了自己的问题了。"

老人这么说，反而更勾起了安德鲁的好奇心——老人还没说出来的其余的解释反而让他心中有一丝不安。于是他用越发真诚的口吻说："我真的特别想一听究竟。"

查理迟疑了一下："那好吧，如果你不嫌我太啰唆的话……"

"怎么会呢？我洗耳恭听。那么什么是第三大诱惑？"

"试图确保你的决定都是正确的。"老人用不容置疑的语气说道。

看到安德鲁流露出困惑的表情，查理便开始详细阐述自己的观点。

"这个诱惑是指想选择决定的正确性而不是指示的明确性。有一些CEO由于担心在状况没有完全明了之前犯错误，所以总是等到他们认为对事情完全掌握了，才会做决定。这样就不可能让别人承担责任。"

"我好像还是不太明白你的意思。"

"就是说，你不能让人们为他们不了解的事承担责任。在你认为信息不足够充分的情况下，如果你没有做出决定的魄力，你就无法做出明确的指示。"

"我似乎明白了。但你指的是哪种类型的事？"

"简单的小事和重要的大事，例如，公司为什么做生意、目标是什么、公司员工在实现目标的过程中所担任的角色和应承担的责任是什么、成功和失败的后果又是什么，等等。几乎包括了所有类型的事。"

安德鲁点点头，说："大致就是愿景、任务、价值观、目标这些，这都是些商学院教的东西。恕我冒昧，查理，可这些都不是新东西。"

"当然不是，人们对这些并不陌生。"查理停顿了一下，以引起安德鲁的注意："那么，你对三一公司的未来有何设想？"

安德鲁不由得皱起眉头，像一个要躲避批评的孩子般抓抓肩膀。

查理有些奇怪了："难道你不知道吗？"

"不是不知道，只不过是对此我们很难有一个合适的解释方式。事实上，在明天的董事会议上我们可能会再次讨论这个问题。"

"你在这上面花了多少工夫？"

安德鲁稍微不安地扭动了下身体，试图提供一个答案。查理提示他："一个月，还是两个月？"

安德鲁最后承认说："八个月。"

这个答案大大出乎查理的预料："八个月？为什么要花这么长时间？"

"呃，这是由于市场一直很不稳定，我们试图搞清楚公司目前的生意是否能延续——"

查理打断了安德鲁："对不起，安迪，但我认为这种做法非常荒唐，请原谅我这么说话，毕竟我们才认识不久，但是，你没有制定出愿景，这与他人无关，那是你自己的问题。"

这句实话对安德鲁打击实在太大了，他刚想为自己辩解，但话没出口就被查理的一句话给噎住了："别想说实际情况要比预计的复杂。"

这正是安德鲁想说的唯一的答复，听了查理的话，安德鲁泄气地往椅子后背靠去。他感到有些不知所措，目光空洞，小声地嘟囔："情况真不是那么简单的。"

查理身体往前倾向安德鲁，对着他说道："我们继续，安迪。接下来我会问你一些难以应对的问题。"

"你的意思是，之前你问的那些问题还不够难应对？"

查理丝毫没有理会安德鲁话中的幽默，问道："我们继续？"

安德鲁缓缓坐直了身体，带着英勇就义般的悲壮："好吧，继续吧。”

"好，我们开始。你认为是什么阻碍了你在像确定公司愿景这样的重大问题上难以得出结论呢？"

"我也希望我能弄明白啊。"

"你实际上是知道的，安迪。你只是不肯对自己承认这一点。不要试图逃避了，你必须面对你的恐惧，必须对公司的未来有一定构想。"

"我当然有。"

"既然这样，你为什么一直不把它写成文字，向公司员工正式宣布，并用它指引你做出决定？"

安德鲁沉思了很久，最后有些犹豫地轻声答道："因为我不能确定它是不是正确的。"

接下来是一阵令人窒息的沉默。他的那句话仿佛一直在空气中徘徊，直至查理打破了这种沉默："你以前在军队里干过吗？"

安德鲁有些疑惑地摇摇头。

"军队中有一条原则：任何决定都比没有决定强。"

"我以前的确听说过这种说法，但现在的情况不一样啊。"

"你说得对。现在情况确实不同，在你的公司里没有任何事情威胁到人的生命。"

安德鲁越来越纠结，努力想得到解脱："事实上，查理，我认为所有关于愿景及使命的说法都有些夸大其词了。任何一个伟大的愿景和使命只有在有实际可行的实施方法的情况下才重要。我在任何时候也都会选择一个运行良好的公司，而不会盲目加入一个只有愿景的公司。"

"完全正确。"查理的态度使安德鲁认为自己的想法得到了老人的支持，可是紧接着，老人又问出了下一个问题。

"那么，未来三个月里你的目标又是什么呢？"

"你是指我的个人目标吗？"

"不是，我是指公司的目标。你认为在什么情况下你会认为这段时间是一个成功的阶段？"

"我们要有更多盈利，还有，尽可能加大市场份额。"

"具体是增加多少？你认为达到这个目标还需要什么条件？"

安德鲁已经快被老人接二连三的问题逼得发怒了："听我说，查理，我受够了你这样自以为是的说教。对你而言，凭空问出所有这些问题很容易，自鸣得意也不难，由于——"

安德鲁的这句话大大出乎查理的预料，但他仍然尽可能温和地打断安德鲁道："你认为我是自鸣得意吗？"

"我不是这个意思。只是像你这样置身事外，像个律师似的不断地问我问题实在太容易了，因为没有简单的答案。"

查理第一次变得有些控制不住自己的激动情绪："没有假定的简单答案，安迪，这就是公司付给你高薪的原因。这就是你必须回答的，否则就没有责任问题了。如果没有责任，结果就是个运气。"他停下来深吸了一口气，可还是没能完全平静下来，下一个问题脱口而出："你怎么能辞掉特利而不知道他应该做些什么呢？"

安德鲁坐在那儿面无表情地摇着头。

查理把身子又往前移了移："我认为你是害怕受到批评，怕面子上不好看。"

"谁都不愿意面子上不好看。"

"当然谁都不愿意这样，但对你来说这样做付出的代价太高了，你会把公司弄得一塌糊涂的，不知董事会是否意识到了这一点。"

安德鲁认为这种说法简直是无稽之谈，他向查理喊道："我不怕受到批评，也没有把公司——"

查理毫不客气地打断了安德鲁，丝毫不留情面："那么，你的愿景在哪里，安迪？你的目标在哪里？对这些问题，你要赶紧做出决定啊，你还等什么？"

这时，列车突然停了下来，车厢里的灯光忽明忽暗地闪了几下，就彻底熄灭了。两个人都带着一丝恼怒就这样在黑暗里沉默地坐了五分钟，整整五分钟。

一道亮光，手电筒被人打开了，这次它拿在安德鲁的手里。他平静地说："我在这个环节的问题是什么，查理？"

黑暗似乎更容易拉近人与人之间的距离，查理友好的声音近乎耳语："我来告诉你一些事实。实际上，有很多CEO都面临着同样的问题，当他们终于得到了梦寐以求的职位时，都会变得害怕失去自己的地位，而且，他们不愿意让他人承担责任，因为害怕这样做会不受欢迎。即便他们不怕别人不喜欢自己，也不愿意让他人承担责任，因为他们并没有明确表达出他们的期望是什么，因为——"

安德鲁接口道："因为害怕犯错误。"

"一点儿不错。"查理用几秒钟的停顿让安德鲁消化了一下这个信息后，接着说，"我父亲过去常讲，一个CEO所能说的最有力的话是三个字。你能猜出是什么吗？"

安德鲁摇摇头。

"'我—错—了。'但是有一点，他并不是以道歉的口吻说出这三个字的，他说这三个字的时候带着一些骄傲，因为他知道，如果不能轻松自然地正视错误，就无法根据有限的信息做出有力的决定。"

安德鲁立刻接了一句："那他一定做过许多糟糕的决定。"

"的确如此，他从不否认那些决定是他做的，但他也从不因此而感到愧疚，因为他知道，如果在不确定的情况下不愿意冒犯错误的风险，就无法前进。实际上，随着时间的推移，他犯的错误越来越少，很多人都说，他具有一种在没有足够信息的情况下做出正确决定的惊人能力。他们认为他确实精明过人。"

也许出于尊敬，也许因为他意下如此，安德鲁主动说："我也认为他是。"

查理笑了笑："虽然我非常不情愿承认，其实我父亲并不是真比一般人聪明，事实上他过去常说，他成功的关键是雇用了比他聪明的人。"

"那他又是如何能够做出无可挑剔的决定的？"

"哦，他避免了第四大诱惑。"

诱惑之四

现在，安德鲁发自内心地开始对查理说的这些越来越感兴趣了，他急切地想知道下一个诱惑是什么。

"你说说看，第四大诱惑是什么？"

"第四大诱惑，就是对——"安德鲁专注地望着查理，这时"砰"的一声，旁边的列车门被推开了，查理停了下来，他们都转过身往门口看去。

只见门当中站着一个高个子男人，穿着西装，戴了顶帽子。他礼貌地向查理点点头："打扰一下，查理先生，您准备现在过去吗？这都好长时间了。"

查理猛地拍了一下自己的前额，好像意识到了什么，连连说："哦，哦，天哪！对不起，我已经离开好久了，我搞忘了。"

安德鲁疑惑地看着查理，心里想，这老头好奇怪啊，神神道道的。

高个子男人又开口了："我还以为您已经走了。"

老人似乎对这句话暗藏着的隐约的不信任有些恼火，不禁提高嗓门说："哦，不，怎么可能，我怎么能不打招呼就走呢？我不过是跟安迪在这儿聊得很投机，没注意时间。"

查理看看高个子男人，又扭头看了看安德鲁，脸上的神情明显带着一些迟疑。突然，他好像下了个决心，对安德鲁说道："安迪，干脆加入我们吧，我这样跑来跑去让大家都等着没有意义。"

安德鲁还没明白老人的意思，高个子男人就说："嘿，查理，这里的暖气比另一节车厢的好。"

"当然，我知道。这节车厢的暖气是全车最好的。"

高个子男人不再反对，转过身朝门的方向走去，查理起身，示意安德鲁跟着他一起走。

安德鲁很想问问查理这到底是怎么回事，或者拒绝这个邀请，但那个未完的话题实在大大勾起了他的兴趣，他强压下心中的一大堆问号："我们去哪儿？"或"这个人是谁？"而是起身朝老人点点头，表示接受老人的提议。

查理让安德鲁走在自己的前面，于是，在紧接着的穿越七节车厢的行程中，安德鲁的视线便可以没有任何阻碍地从三米外审视这个高个子男人。

能看得出他的西装质地不错，但以安德鲁的经验断定这肯定不是近两年的款式；鞋子尽管很新，仍然让安德鲁联想起似乎是从祖父衣柜里翻腾出来的陈年旧物。

高个子男人毫不迟疑地走进第七节车厢，安德鲁隐约听见里面有热烈交谈的声音，因此有些迟疑地停下脚步。

查理看出了他的犹豫，鼓励他说："进去吧，他们不会吃人的。"

"他们？"安德鲁在还没来得及问出下一个问题前就被查理用肘部轻轻推进了下一节车厢——除了刚才的那个高个子男人之外，车厢里还有两个人，年龄都在五十岁上下，其中一位有些秃顶，另一位穿着一套时髦的、双排扣细条纹的西装。他们面对面地坐在车厢的中间部分，看得出来他们谈兴正浓。

他们进门的动静打断了那两个人的谈话，高个子男人介绍安德鲁："请原谅，先生们。这位是安迪。"他转头看向安德鲁："是安迪，没错吧？"

安德鲁点点头。

查理补充道："安迪是三一系统公司的CEO，这是一家技术公司。我们俩刚才聊天没注意时间。"

在场的人中没有任何一个对安德鲁的到来感到丝毫惊讶，与查理一样，他们对他CEO的头衔也没有一丝特别的反应。

那位衣着时髦的男人首先开口道："噢？你们俩谈到什么地方了，查理？"

这几个男人太过自然的反应让安德鲁愈发困惑不解，他开始觉得有些紧张，甚至惊慌——这到底是怎么回事？难道这是一场骗局或阴谋？

查理看了看明显不了解状况的安德鲁，问："我们说到哪儿了？"没等安德鲁回答，查理就想起来了："噢，对。我们刚刚讲到第四大诱惑。"

那三个人有的点头，有的微笑，有的嘴里还念念有词，都表现出对这一诱惑很明了的样子。

高个子男人说："对我最大的挑战就是第四个诱惑！"

安德鲁开始感到自己仿佛置身于影片《阴阳魔界》（*The Twilight Zone*）的某个场景当中，然而，对下一个诱惑的好奇大大超越了他对这奇怪局面的关注。

"什么是第四大诱惑？"

他向高个子男人提出这个问题，那个男人朝查理望去，似乎想征求查理的同意。查理笑着点点头，高个子于是开口讲话了。

"请坐吧，我会给你解释。"

查理、安德鲁和高个子依次坐了下来。

高个子一边摘掉帽子一边说："第四大诱惑指的是渴望融洽。"

不知道什么原因，安德鲁忽然觉得这些人有一种天生的可以使人彻底放松的气场，于是他的思维也迅速反应过来："我不明白，融洽跟明确的指示和正确的决定有什么关系？"

秃顶男人第一次开口说道："让我从一个与第四大诱惑没有任何关系的人的角度来给你解释。"听了他的话，其他几个人不禁都哈哈大笑地看向他。

"请回答我一个问题，安迪。你认为融洽的反义词是什么？"

安德鲁思考了一下，有些犹疑地说："我不知道。是不是不和？"

"不和、分歧、争论，这些词中任何一个的意思都和融洽相反。我想说的是：就人类而言，向往融洽是很自然的。"他停顿了一下，"但是，对于一个良好的决策过程来说，融洽就像癌症。"

看到安德鲁一脸迷茫的样子，秃顶男人接着说了下去。

"你知道，如果想快速做出一个正确决定，唯一有效的方法就是迅速从人们那里了解到全部的真实意见。要做到这一点有两个途径……"

秃顶男人举起一个手指："首先，为了让人们把他们真实的想法完全表达出来，你可以运用一些有效的方法，如小组专题讨论、头脑风暴会议[1]、民主自由投票等。"

紧接着他又举起两个手指："其次，你可以采用一种混乱的方式。"

高个子看到安德鲁流露出有些困惑的表情，急忙补充道："这里所说的混乱指的是争论，但不是恶性争论，而是富有成效的观念方面的争论。从表面上看，两者似乎没什么区别，实际上它们具有本质上的区别。"

安德鲁看向高个子男人，似乎有些明白他们的意思了，但是似乎脑中隐约还有一个没有完全解开的结："这不是与第二大诱惑一样了吗？"

这时其余的人都满脸不解地看向安德鲁，于是安德鲁又解释道："第二大诱惑是指你想受到人们的欢迎而不是——"

1　头脑风暴会议（Brainstorming Session），又称"脑力激荡法"，20 世纪 50 年代开始流行。强调自由、放松的集体讨论，其核心是：只专心提出构想而不加以评价；不局限思考空间，鼓励产生新颖的构思，通常只产生方案，不进行决策。常用在决策的早期阶段，以解决组织中的新问题或重大问题。

时尚男人接过话说："而不是让他们承担责任。当然，我们都知道第二大诱惑的内容。"

"我想你们也都知道。所以，想受到欢迎不是跟向往融洽差不多吗？"

秃顶男人拍了下他的脑门，好像终于明白了安德鲁的意思："我知道问题出在哪儿了——第二大诱惑讲的是，作为个人，你害怕不被周围的人喜欢，它的本质是一个人总会根据其他人对自己的看法来判断问题。"

时尚男人继续解释道："你是把害怕个人不受欢迎与害怕团队成员不和混为一谈了。"

"可是——"

安德鲁刚想反驳，查理就打断了他："听我说，安迪，我们不是来这儿纠缠细节的，两者之间确实有很大差别。"

高个子继续解释道："例如，只要我与团队成员之间对责任的内容达成共识，我就不会逃避让他们承担责任。但有时也不能避免，由于我们所做的决定有问题，所以我难以确定该让人们对什么负责。"

安德鲁转向查理道："刚才你说过，你的父亲差不多总能做出正确的决定。"

"对。那是因为他几乎从不在没有充分听取他人意见的情况下做决定。"

高个子的语调变得高昂起来："是这个道理！我就曾经在这一点上栽了跟头。我不喜欢人们互相指责，所以常常居中调和，努力使他们远离激烈而白热化的争论，因为我怕某些人会因此而受到伤害，或者受到打击丧失斗志。"

秃顶男人表示："我从来没有这个担心。"他的话引来同伴们的一片笑声。

"那是为什么？"安德鲁问。

"我不确定。也许可能与我的成长经历有关。我有几个兄弟，我们总是打闹争吵个没完，但是十分钟后兄弟还是好兄弟。所以我知道争吵不会带来长久的损害。"

时尚男人接着说："我也没有那个问题。我鼓励大家在会议过程中展开争论。实际上，如果在会上没有人陷入尴尬局面，那说明我们可能没把所有问题提出来。"

安德鲁仍然坚持道："我还是认为，如果你有第二大诱惑的问题，你还是会与第四大诱惑纠缠不清。"

时尚男人点点头回应说："有时确实会是这样。就拿我来说，我喜欢争执，会在会上指手画脚，我的下属在他们认为必要时，也会就某些事毫不客气地给我明确指出，直到我们把自己该做什么和该负什么责任弄得一清二楚。所有一切都明明白白摆在我们面前。"

高个子和秃顶男人一起指着时尚男人放声大笑起来。

"有什么这么好笑？"安德鲁大声问。

时尚男人耸耸肩膀，解释道："他们在笑我的一个弱点，这个他们都知道，我有时会向第二大诱惑屈服，让人们摆脱责任。"

"为什么会这样？"

"唉，当我的下属来找我，说他们不能按之前的约定交货或不能按时完成任务时，我总会问为什么。我发誓，多数时间他们的理由听起来都非常合情合理。"他停顿了一下接着说："于是，我会偶尔放过他们。"

秃顶男人和高个子看向那时尚男人齐声抗议道："偶尔？"

"好吧，好吧……"时尚男人无奈地举起双手，"不是偶尔，我的确是会经常性地放过他们。我想，尽管事情发生时我看起来态度很强硬，但在处理时还是非常心慈手软的，总是对他们太过宽容。其实，我对自己的孩子们也是这样，我常常对他们大喊大叫，并且争论得异常激烈——你们知道其实我就像个纸老虎……"

大家都被他郁闷的表情逗得忍不住大笑起来。

"每到那种时候，我总是下不了决心真正去惩罚他们。"

看着时尚男人挠头的样子，安德鲁开始喜欢上他了："我认为，你的弱点听起来不是很糟糕。"

时尚男人抬眼看向安德鲁，用坚定的语调说："不！它其实很糟，非常糟。"

安德鲁有些惊异于他的略显激烈的态度，但他让时尚男人继续说了下去。

"这种行为方式让我在他们中间失去了威信，看起来前后不一而且不公正。这样做的后果是，下一次我再要求某人按某种要求做事时，他们会怀疑我对这事是否当真。而且，不得不承认的是，你知道我为什么有这个问题吗？"他迟疑了一下，还是说了出来："因为我想让他们喜欢我。"

安德鲁问道："有作用吗？"

"你是说'他们喜欢我吗？'我想是的，但是，如果我能做到前后一致，他们应该会更尊敬我。没有尊敬……"他并没有把全句说完，但安德鲁已经在点头了。

高个子接下来的话补齐了这一课的内容："我的问题不在于想受欢迎，而在于我觉得让别人承担责任不太对头，因为即便我对他们的职责范围做出了明确的规定，可我心里知道，他们并不真的买账。你知道为什么吗？"

安德鲁摇摇头。

"因为我并没有给他们充分发表意见的机会。在他们还没把事情讨论清楚之前，我就制止了他们的争论。我就是不喜欢争论。"

安德鲁补充道："所以说，你的决定有可能不是在你的下属所提供的全部信息的基础上做出来的。"

这句话获得了大家的一致认同，虽然安德鲁仍然有些困惑和沮丧，但他似乎已经开始掌握所有要点了。

查理决定考验一下他的学生："你为什么不试着讲一讲？"

"讲什么？"

"几大诱惑呀。看看你是不是记住了我们已经讨论过的四个诱惑的内容。"

安德鲁环视了一下那四个陌生人，在回答老人的这个问题之前，终于问出了藏在他心底很久的一个问题："你们究竟是什么人？"

秃顶男人的回答很避重就轻："我们跟你一样，都是曾经面临过这些诱惑的人。嘿，安德鲁，这会儿我们不是来谈论我们自己的。"

查理随即附和道："没错，安迪。我们还是来看看你是否记得那几个诱惑吧。"

安德鲁看着车窗玻璃里反射出的自己的身影，沉吟了一下，似乎正在回忆刚才谈话的内容："嗯，我试试看。第一个诱惑——我觉得是对我而言最困难的——是我过分关注自己的职业和地位，更甚于对公司成果的关注，结果是自鸣得意、工作没重点，以至毫无成果可言。"

安德鲁注意到，那四个人都在对他点头，只是从他们的表情似乎可以感觉到，他们更多是在确认他对第一种诱惑的倾向，而不是肯定他回答的正确性。他耸耸肩不去理会，尽量不被这些干扰，继续沉浸在自己的思路中。

"即使我能够做到不犯第一种诱惑的错误，却被第二种诱惑干扰，我还是不会取得显著的成果。"

查理提示说："还记得第二种诱惑是什么？"

"由于担心不被自己的员工喜欢和接纳，就不让他们承担责任。这是你的主要问题，对吗？"他转向时尚男人，后者点点头。

"哪怕并不是特别在意是否被员工喜欢，我们可能还是做不到让他们承担责任，因为——等等，"他迟疑了几秒钟，皱了皱眉头思索着，"因为我们觉得让他们承担责任是不公平的，这种行为应该是第三种诱惑，可我记不太清它的内容了。"

秃顶男人提示道："跟决定有关……"

"想起来了，是指示的明确性。当我们被迫要在尚未掌握完整信息之前做决定时，会觉得不公平，为了逃避做决定，避免犯错误，我们就让问题模棱两可地悬在那儿，于是，我们一拖再拖，在此过程中，某些人就不得不受到责备，因为事情的进展——"

时尚男人说出了最后那个词："微不足道！"

安德鲁笑了："对！所以，有人就会陷入困境，可能会被降级，或者被解雇，虽然造成这种情况的很大原因可能是没人有勇气告诉他们应该有怎样的表现。何况，即便领导层有勇气把事情搞清楚，他们有时还是不能做出正确的决定；即使有了明确的指示，也可能这些指示并没有被完全接受，这就是所谓的第四大诱惑：渴望融洽。"

这时，高个子举起手，示意那是他的主要问题。

大家的坦诚让安德鲁的心情越来越轻松，他对高个子的举动报以会心一笑，然后继续说了下去："他们不敢接受争论，害怕他们的想法公之于众后不能获得全票支持，从而招致挑战。因此，他们从来就没有从员工的不同意见和想法中获益。我认为这就是所有混乱的根本原因，你管它叫什么来着？"他用探寻的眼光看向查理，"对富有成效的思辨式争论的恐惧？"

查理笑了，赞许地微笑着点头："对，但那不是所有这一切的根源。这一切的根源是第五大诱惑。"

他刚刚说完话，随着列车一声鸣笛，开始缓缓减速。几乎同时，查理、秃顶男人、时尚男人和高个子男人都看了看手表，站起身，拿起他们的随身物品。看到时尚男人拿起他的仿古公文包，安德鲁的第一反应是：它一定价格不菲！

然后，他突然意识到另一个问题：他们不打算告诉我第五大诱惑是什么了……

诱惑之五

　　随着一阵刺耳的刹车声，列车停了下来，四个人的身体不约而同地倒向一边，他们都伸出手去抓头上的横杆，这画面实在有些滑稽。不过，安德鲁现在的心思全都集中在查理说了一半的话题上——

　　"你们这帮家伙不会不说完就走吧，把话说到半截就这么停着了啊？"

　　可只有查理答道："我们该走了，安迪。"

　　四个人朝车门方向走去，安德鲁赶紧超过他们冲到门前试图拦住，先是大高个、接着是那个秃子，最后是那个时尚男人，他们依次小心地侧身走过他身边、或点头或脱帽向他致意。

　　当查理最后走近时，安德鲁急忙伸手拦住了他，迫切地说："查理，快告诉我。别再问我那些引导性的问题，我也不想再听更多你父亲的无聊故事，我现在只想知道你刚刚提的最后一个诱惑是什么。"

　　查理愣了一下，他的脸上浮现出明显的不悦，安德鲁意识到整个晚上这似乎是老人第一次流露出明显受到伤害的表情。安德鲁不由得往后退了半步，急忙道歉："非常抱歉，查理！可你不能话没说完就这么走了啊……"

　　查理吸了口气，妥协了："跟我来吧。"

　　查理走出车厢，安德鲁想回座位取他的公文包，这时车厢的关门声响起了。安德鲁知道，如果他再回去取公文包就来不及下车了，只犹豫了半秒钟，就在车门关闭的一刹那，他紧随着查理跳下车。

　　目送着携带着他公文包的列车开进前面的一段隧道，安德鲁揉了揉眼睛，想到这个夜晚的疯狂经历，他不禁笑着摇了摇头。等他再转头一看，却发现站台上空荡荡的，所有人都走了，包括查理。

　　安德鲁顿时有些手足无措了——深夜、空无一人的站台……他迅速上了电梯，奔向通往街区的出口。一出站，他抱着一丝希望立刻在街上不停地张望着，寻找查理的身影，但是，老人却踪迹全无。

　　这时，他的身后一个声音响起："快过来！"

　　安德鲁一惊，转身却看见查理正坐在一个公共汽车站的候车凳上，安德鲁大喜过望——"噢，我的天哪！"

"你怎么了,安迪?"

"我怎么了?你还问我怎么了?刚才我以为你不管我了,现在你又吓得我半死!"

查理却忽视了他的小激动,平静而关切地问道:"我不是这个意思,我是想说,从今天晚上你的整个状态来看,你一直有些手足无措。我想问你到底怎么了?"

安德鲁似乎被击中了,叹了口气,走到长凳边,坐到老人身旁。沉默了一会儿,他用手胡乱抓了抓头发,把头埋进胳膊里,嘟囔着开始说起来:"在我的职业生涯里,最近第一次感到自己力不从心。而且,我似乎还拖累了其他人——就像为了让自己不被淹死,就把别人也拖下水了……"

查理一言不发,静静地等着安德鲁接着说了下去:

"以前遇到这种情况我总是能够在事情变坏前扭转局面,可这次好像不行了。"

查理问道:"到底怎么了?"

"我也不清楚。所有的事情就像在完成一个不可能的平衡动作,所有的小细节都需要考虑、每件事都在时刻变化,我感觉有些失控,细节太多,变化也太多。"

查理拍了拍安德鲁的后背,带着一种关切,说道:"我来给你讲讲第五个诱惑吧。"

安德鲁把头从胳膊中抬起来，坐直了一些，深吸一口气道：“好，快跟我说说吧。”

“我父亲——我现在可以谈谈他了吧，可以吗？”

“当然，查理。刚刚是我口不择言，你父亲的故事一点儿也不无聊，只是那些过程听起来很痛苦，理解起来也不那么容易……你说吧。”

“在我看来，我父亲一直不是那种爱炫耀的人，可是他的确经常炫耀一件事。”

“是什么？”

“他常炫耀那些为他工作的人。在谈到他自己的员工时，他就变得非常激动。”

查理微笑着，眼神透过夜色飘向远处，似乎沉浸在美妙的回忆中。

“我记得他经常骄傲地说他把自己的事业交给了值得信任的人。”查理停了下来，扭头看向安德鲁，“你会这么说吗？”

安德鲁毫不迟疑地摇摇头说：“我根本没这个自信！我估计即使我明天离职，一些员工也根本无动于衷。”

查理看向安德鲁的目光带着深深的同情：“为什么你会这么想呢？”

安德鲁把目光飘向空荡荡的街道，暗夜笼罩下的街道，弥漫在黑蒙蒙的不可知中。他慢慢地摇了摇头："我不知道。他们好像全都只注意自己的事情。"

"那你呢？"

"我不知道，查理。我想我跟其他人一样自己的事业还顾不过来呢，可这也是很正常的吧。"

"我不是问这个，我的意思是，你有没有想过你的这些员工，他们会不会很放心地并愿意追随着你做事？"

安德鲁的目光再次投向空荡荡的街道的尽头："虽然我不想让你觉得是我不想承担责任，但我并不认为他们的职业发展应该由我来负责。"

"这不是重点，安迪。所有的这些都与信任有关，是基于勇于尝试建立的相互的信任感。在他们无条件地相信你之前，你必须先信任他们，相信他们能做到。"

"但是，你说的这些与冲突争论又有什么关系呢？"

"这么说吧，你觉得大家为什么会害怕冲突呢？"

安德鲁耸耸肩："我想他们是不习惯这样，或者担心万一发生冲突，大家的感情容易受到伤害。"

"你说得也有道理，但我认为更多的还是与信任有很大关系。互相信任的人之间应该完全不会顾忌你是不是不爱听，我的意思是只要不太过分，他们怎么想就怎么说，因为他们知道说完后你不会真的责怪他。"

"我不太同意这种说法，查理。我还是认为人与人之间还是保持一定的距离比较好，如果彼此太信任对方，处理问题时就难免不够强硬，甚至会没有原则。我不想让我的员工感觉太没有压力。"

"到底为什么不能呢？"

"我认为当人们过于舒适的时候就会有所懈怠。"

安德鲁的想法让老人流露出朽木不可雕的不耐烦了："行了，安迪。你应该很容易判断出一个员工到底是过于自信还是值得信赖，你还没笨到区分不出来的地步。"

"可能我就是一个没那么容易相信别人的人。"

"你知道为什么大家互相不太信任对方吗？"

"不知道。为什么？"

"这是人性的弱点——因为他们害怕受到伤害！"

安德鲁沉思着缓缓点了点头："对，你说得有道理。"

"那你知道该如何解决这个问题吗？"

安德鲁摇了摇头。

"打开心扉，坦诚相对，别害怕受伤！偶尔受点儿伤未必是坏事，你会发现其实没什么大不了的。"

"按你的意思，我不喜欢跟别人发生冲突，本质上是因为我根本不信任别人？而我之所以不信任别人是我打心底里害怕受伤？"

查理点点头："没错！害怕受伤，害怕出错，害怕不受欢迎，害怕失去地位。"

"你的意思是，那些像你父亲一样成功的CEO们，他们会给别人充分的信任，哪怕别人会在背后捅刀子吗？"

"这听上去确实有点儿疯狂，但他们的确就是这么做的。我父亲充分信任他的员工、从不担心他的员工会出大问题，就是这样的信任让员工能够在沟通时无所顾忌，不用顾虑领导会不会不高兴。"

安德鲁深吸一口气，又大大地呼出来："所以说，所有一切的根源是我内心的不信任，我害怕受伤？"

查理点点头，抬起手腕看了看表。

安德鲁叹了口气："但是，如果那样做，对我而言，太感情用事了。"

"感情用事？你认为获得结果、承担责任、指令清晰、参与富有成效的争论会不好吗？如果一位领导者只要敞开心扉给员工充分的信任，相信他们能达到这些目标，就能让情况好转，难道不值得为此忍受一些你觉得是感情化的东西吗？"

　　安德鲁耸耸肩，犹豫地说："我不知道。"

　　这时，一辆公共汽车缓缓停在安德鲁和查理的面前："我等的车到了。"查理起身准备离去。

　　安德鲁立直上身，追问了最后一个问题："那我怎样才能做到完全信任，敞开心扉呢？"

　　汽车门开了，查理拍拍安德鲁的肩膀："你只能自己想想了，安迪。试试吧。"老人上了车，车门关闭的时候，安德鲁看见老人透过车门向他露出了微笑。

　　安德鲁眼看着查理像老朋友一样跟司机打了个招呼，车开后，安德鲁追着车走到路中间，目送汽车逐渐消失在远方。

　　突然，一阵刺耳的喇叭声吓了他一跳，他慌忙转过身去，一束明亮的灯光晃花了他的眼睛——一辆公共汽车迎面驶来，他大叫了一声。

　　喇叭声再次响起，安德鲁又叫了一声——他从梦中惊醒，耳边传来列车广播的报站声：列车停在了核桃溪站。

　　安德鲁揉揉惺忪的睡眼，他看了看表，从上车起才刚刚过去了20分钟。20分钟！他竟然在这么短的时间内做了这么一个神奇的梦！

他拿起身边的公文包——幸好只是个梦，包还在——向车门走去。想想第二天的董事会议，好像已经不像半小时前那么沉重了。

峰回路转

这是安德鲁·奥布莱恩的职业生涯中从未出现的状况——

已经是早上9：02，董事会议应该在两分钟前就开始了，但是此刻，他居然还坐在自己的办公室里，透过大大的窗户凝视着海湾大桥。

从昨晚那个神奇的梦中得来的自信全部消失了，梦里出现的那几个人——查理、秃子、高个子，还有时尚男、那当时所谓的五大诱惑——此时好像毫不相关，安德鲁的脑子一片空白，对接下来的几个小时即将发生的事情完全不知所措。

桌上的电话把安德鲁拉回到现实，他按下免提键。

"什么事，琼？"

他很清楚她要说些什么："我们都在等您。"

"马上到。"

安德鲁深深吸了口气，认命地朝门口走去。

由于是年度董事会议，所以会议室里稍微显得有些拥挤。董事长坐在桌子的一端，身形高大、皮肤颜色有点深，安德鲁和其他12个参会人员坐在长会议桌旁，他们大多是董事会成员，只有三人例外：斯蒂芬是公司的CFO（首席财务官）；詹妮斯是销售部的头儿；琼是安德鲁的助理。

安德鲁脚步僵硬地走向董事长对面的位置上坐下，向其他与会成员点头致意。他注意到其中有一张陌生的面孔，她的面部棱角分明、头发有点灰白。还没等他开口，董事长就对他说道："安德鲁，这位是从B&L公司来的凯瑟琳·彼得森。你们应该在上个季度的电话会议上通过几次话，她将接替卡尔在董事会里的位置。"

安德鲁记起自己确实曾与凯瑟琳交谈过，但对她也要出席今天的会议一点印象也没有了。

"很高兴见到你，凯瑟琳。"安德鲁起身走过去与她握手，凯瑟琳只报以礼貌的微笑，什么都没说。

安德鲁回到座位后，董事长开始发话了："好了，我们现在开始，在座的各位对本季度的财务报告应该都很熟悉了，我想说的是这些数字真的——"

安德鲁的声音有些突兀："很一般，这还是客气的说法。"

　　大家都笑了，这声音传到安德鲁耳朵里觉得有些刺耳——他们实在没必要笑得那么大声，尤其是董事长的笑声。

　　"确实如此！相信在座的各位都已经看到了本季度和年度财务报表，大家应该都清楚现状了，我想应该没必要让安德鲁再花时间从头到尾细讲一遍，我们不如着重讨论一下已经实施的今年年初定的一些目标。"

　　很多董事会成员点头表示赞同董事长的建议。安德鲁有些不敢相信自己的耳朵：这么容易我就脱身了？他心中一阵窃喜。这时他注意到凯瑟琳在纸上写着什么，这让他很好奇她到底在写什么。

　　董事长紧接着看向安德鲁："好吧，安德鲁。我们需要了解一下明年高层管理人员的奖励方案和上个季度做的客户调查的情况。"

　　安德鲁看向他的CFO斯蒂芬，按照事先的安排，她要给董事会汇报奖励方案。汇报进行得还算顺利，除了在到底是采取优先认股还是现金分红的方案上有个小小的讨论。一小时后，她坐回座位。在讨论过程中，凯瑟琳仍然一言未发，但她又在本子上简短地写了些什么。

　　接下来安德鲁分析了客户调查的结果，关于在商业杂志上刊登广告是否对现有市场方案有帮助的问题，还需要后期做更多的工作来跟进。几个董事会成员礼貌地问了几个问题，可凯瑟琳依旧一言未发，只埋头又在本子上记下了些什么，而且，她看起来似乎对谈话内容并不感兴趣。

临近中午的时候，工作人员把午餐拿进来了，这期间詹妮斯简单汇报了对电话销售团队的组织架构进行的重新梳理。董事会成员们对她的发言也未提出太多问题，只是象征性地鼓了鼓掌。

之后的两小时里，董事会通过了一项股票重新定价的决定、审核了一桩股东诉讼案件。安德鲁感觉越来越轻松，在讨论过程中应对自如，自信而又幽默，后来他甚至都开始享受这个会议了。

快到14：00时，会议接近尾声。董事长看看表说："按照会议日程，我们进行得差不多了，如果没有其他问题就到此结束吧。"他转向安德鲁的助理问："琼，我们下次会议什么时候开？"

安德鲁心中涌出一种奇怪的如释重负，其中还夹杂着一丝愧疚。不过，他已经迫不及待地要逃离这个屋子，冲出办公室，赶紧回到他温暖的家中。在琼回答董事长的问题时，董事会成员们已经开始整理自己的东西准备离开了。

这时，凯瑟琳举起手示意董事长，希望大家等一下再离开。董事长朝她笑了笑，好像觉得她过于礼貌了："凯瑟琳，你还有什么想说的吗？"

屋子里的人慢慢安静下来，停下手上的动作。

凯瑟琳皱了皱眉，低头看着面前的记录："会议结束之前我有几个问题想问。"

其他董事会成员听到后都一起看着她。

"请说吧，凯瑟琳。我还以为你今天不准备发言了呢。"

"是这样的，"她的语气平静而严肃，"我的习惯是一般不会在第一次参加董事会议时说太多，而是等到几次会议后找到自己舒服的方式后才发言。"董事长点点头，示意她继续。凯瑟琳补充道，"但这次不一样。"

此时，房间里已经彻底安静下来，大家的注意力全都集中到凯瑟琳那儿。

凯瑟琳抬起头说："我有一个问题。"

董事长看了看安德鲁，安德鲁一动也没动。

凯瑟琳转向安德鲁问："你期望今年前两个季度达到什么样的目标？"没等他开口，她又进一步明确了自己的问题："我是说，我知道你的计划，但你凭什么会认为去年的问题在今年会有所好转呢？"

安德鲁似乎一下子被噎住了，但他只迟疑了一秒钟就立刻反应过来，回答道："首先，我们很快就会有一位市场部负责人到岗，这个岗位将对相关工作的开展起到很好的促进作用。"

凯瑟琳平静地望着他，还在等他继续解释，安德鲁于是接着说："而且今年的市场行情非常乐观，肯定会对我们的业绩有很大的帮助。另外，我们正在考虑收购一家目标公司，希望能够拓展服务项目。相信这些都会给今后的业务带来很大的增长。"

凯瑟琳放下笔，望向董事长，他并没有对安德鲁的回答发表什么意见："我参加过许多会议，你们又付了不少费用给我，所以请原谅我有话直说。"房间里的空气仿佛一下子凝固起来，"我认为你们有大麻烦了。"

董事长开口道："当然，我们已经意识到市场反应不如预期，我们也希望销售额的数字能更好看点，但我并不认为安德鲁的成绩——"

凯瑟琳礼貌但不容置疑地打断了董事长的话："我并不是指数据，而是整个过程我没有感觉到紧迫感。"

这句话出乎了所有人的意料，董事长的眉头皱了起来，安德鲁心中一紧，深吸一口气努力让自己表现得平静。

"等待市场出现转机是一件很被动的事；聘请一位新的市场部负责人也并非一定能扭转局面，新人至少需要几个季度的时间才能进入状态和起到作用。"她扫视一眼笔记，"再说说关于并购的事，管理这个公司已经是捉襟见肘了，我不认为再收购一家公司会有什么益处，它只会进一步分散你们的精力。"

凯瑟琳的直率顿时让大家鸦雀无声，斯蒂芬第一个打破了沉默："我不是想狡辩，不过你确信对我们的整个行业熟悉吗？实际上我们比大多数竞争对手要做得好得多。"

凯瑟琳胸有成竹地回答："对，我知道。我昨天做了些功课，如果说错了请更正。目前行业内有六家公司实力较强，你们处在第三位。剩下三家公司确实很烂，但另外两家实际上经营得相当不错，我想你们的处境会越来越困难。"

她翻了翻笔记，但好像没找到她想要的东西："如果我没记错的话，你们的销售额实际上从一年前就开始下滑了，而市场份额却增长了5％，我承认，这个数字不大，可是你们理所应当从中获得相应的收益。"

凯瑟琳的话让会议室的气氛紧张起来，董事长试图缓和一下："你说得有道理，凯瑟琳。我们的确对有些问题缺少紧张感，但我认为公司的大多数问题还是由于市场工作做得不够理想，特利确实让公司前几个季度的业绩出现了下滑。"

"能问一下特利到底在工作中有什么问题吗？"凯瑟琳问。

这个问题直接戳到了安德鲁的痛处，他不自觉地挪了挪身体："哦，他在市场宣传的速度上没有跟上公司发展，不但缺少创造力，在管理上的力度也不理想。"

"他是你招聘的吗？"

安德鲁点点头。

"那么，你要对他的失败负责。"凯瑟琳的话丝毫不留情面。

此时，会议室里的气氛明显变得有些不安起来。

"你聘用他的时候有没有考察过他的管理技能？"

安德鲁的回答明显没有了刚才的自信和幽默，他磕磕巴巴地说："哦，当然……我的意思是……跟其他人差不多……我想说，作为一个管理者，他的管理技能应该是可以的，他当时也是很多人力荐的。"

凯瑟琳紧接着又抛出了下一个问题："你想找一个什么样的人接替他？你怎么确定这个人不会犯同样的错误？"

安德鲁不知所措，根本无法正面回答这个问题，空气就这样僵住了。突然，一阵敲击声打破了僵局，听起来像有人正在会议室外面往墙上钉钉子。琼起身走出去看发生了什么事。

董事长明显感觉到了安德鲁的惶恐，急忙插话道："好啦，凯瑟琳。我认为你提的这几个问题都不错，但这有点儿太——"他似乎在寻找一个合适的字眼。

这时斯蒂芬接过话说："你这样很不公平。我是说这样批评我们是件容易的事，但问题不像你说得那么简单。我们怎么会知道某个人会不会像特利一样达不到工作要求？"

房间里的空气似乎僵住了，直到詹妮斯的声音打断了这种沉默："我同意斯蒂芬的说法。在目前这样的市场大环境下我们已经尽力了；何况，我认为我们不是唯一一家存在这个问题的公司，据我所知，上个季度至少有两家对手公司的高管离职，他们也面临着跟我们一样的困难。"

其他董事会成员的表情说明大家似乎同意这一观点。

敲击的声音终于停止了，琼回到房间。

凯瑟琳再度开口，语气中明显带着一丝不客气的嘲讽："也许你们做的比我认为的要好。"看到大家这种态度，她似乎不想再多说什么了。

屋子里的人都听出了她语气中明显的不赞同，大家都沉默下来。

董事长沉吟了一下开口道："大家的发言都不错。那我们就——"

这时安德鲁插话道："不，我们确实做得不好。"他看着凯瑟琳，似乎下了很大的决心："我们的确存在很多问题。特利没有在管理上得到公司的支持，我们任由他自己孤军奋战，我的确没有给他很好的帮助。"房间里的空气似乎凝结了。安德鲁双手撑着桌子慢慢站起来，推开椅子，屋子里所有人的目光都聚集在他身上。

安德鲁深吸了一口气，做了他平生最重要的一次讲话：他毫不回避地谈到了结果，谈到责任感，谈到目标明确和冲突，他真诚地感谢凯瑟琳能够把大家不愿意承认的问题摆到了台面上。整整十分钟时间，"也许现在我们可以弄清楚我们真正的问题了！"——安德鲁说出这句话时，心情无比轻松！

董事会成员们鸦雀无声，全都惊呆了。

安德鲁环视四周，目光平静、态度坦诚："如果我们的业绩继续下滑，如果我们不能在短期内改变这种状况，那么我认为我没有资格继续担任这个职务。在座所有人都应该主动承担更多的职责，从我开始……"他希望将来他不会为今天说过这些话而后悔。

他话音刚落，走廊里的敲击声又开始了。

一阵沉默过后，董事长为会议做了结束语："好吧，谢谢你们今天的意见和建议，我们12个星期之后再见。"董事会成员们收拾好各自的东西依次朝门口走去，安德鲁跟在后面。

他们穿过走廊往电梯方向走去，安德鲁又一次听到了敲击声。他环顾周围，只见一个维修工在走廊的墙壁上悬挂一张张照片。

他扭头问琼："这是怎么回事？"

"我们找到前几任CEO的一些旧照片，打算把它们挂在会议室外面。"安德鲁点点头，走过去看那些照片。

这时电梯门打开了，董事长招呼安德鲁："一起吗，安德鲁？"

他仍然立在那面照片墙那儿，摇摇头说："不了，一会儿楼下见。"

除安德鲁外，其他人都上了电梯，门随即关上了。

安德鲁走近第一幅照片，是他自己前几年的一张旧照，照片上的人神采奕奕，头发还没有像现在这样灰白，照片的下方是他的名字和一个空白栏，用于将来填写他的卸任日期。

旁边三幅分别是安德鲁之前三任CEO的照片，他们掌管公司的时间加起来差不多有25年。另一幅照片上是个英俊的男人，安德鲁觉得有些面熟，却想不起来是谁；照片下方的名字和日期也都很陌生。

这时敲击声停止了，维修工背对着安德鲁，把锤子别进腰里——他的工作好像完成了。

安德鲁又扭头看了一眼那些旧照片，他简直不敢相信自己的眼睛——这次他几乎立即就认出了其中一个人：那个秃顶男人。

他回到前一幅照片前，一下子就认出上面的人是那个时尚男人。他毫不犹豫地走向第三幅照片——没错，就是——高个子男人！

他最后看到的那张照片——照片上的人面容慈祥，白发苍苍，布满皱纹的脸上绽放着微笑，不是查理是谁？准确地说，他叫查尔斯·皮尔斯！

安德鲁突然意识到，刚才的那个维修工穿着与前天晚上梦中的查理穿的一样颜色的衬衫，安德鲁立刻转向走廊的尽头，眼看着老者转过了拐角。

　　他急忙大喊道：“先生？！查理？！”

　　老人没有回答，也没再出现，安德鲁急奔向走廊的尽头，追过拐角，那里空无一人！

砥砺前行

　　董事会的会议室又一次坐满了人，董事长的开场白带着发自内心的轻松："这一年真的非常棒！公司的整个运营情况都很健康，市场定位也更加精准，离职人数下降，销售额重新开始上涨，股价也高到足以可以考虑进行一次年中分红了！这些与前两三年的情况简直是天壤之别！"

　　董事长的话音未落，现场响起了一阵热烈的掌声。

　　凯瑟琳的声音一如三年前的冷静而客观："我认为管理层有很大功劳，公司的决策精准、责任明确，这样显著的变化很让人惊讶。"

　　凯瑟琳和董事会其他成员一齐看向CEO，CEO不禁微笑着回答："谢谢大家！感谢你的美誉，但功劳不应属于我。我的团队功不可没，也离不开董事会的大力支持。"

　　董事长对他的谦虚和坦荡报以会心的一笑。

　　CEO似乎想起了什么人："说起来有些令人难以置信，其实是一个大家可能想不到的人给了我一些非常好的建议。"

屋子顿时安静了，大家都好奇地等着下文。

董事长问："那人是谁？"

"安德鲁·奥布赖恩。"CEO的回答充满骄傲与感恩。

董事会成员们都露出难以置信的神情。

董事长说："安德鲁？他最近怎么样？自从上次董事会议后我都很少能见到他。"

"怎么说呢……他看上去非常不错。但其实我想说的也不完全是他……"

凯瑟琳问道："你在哪儿看见他的？"

"这件事非常有意思，"CEO的脸上挂满微笑，眼前仿佛又浮现出那个神奇的梦境，"有一天晚上，我在电力火车上偶然遇见了他……"

后　记

　　所有领导者都会像安德鲁一样，在管理上有过痛苦和挣扎，因为他们免不了要受五大诱惑中的一种或多种诱惑的影响；但是，受到诱惑并不是导致他们失败的最终原因。领导者之所以失败，是因为他们不愿意让他人看到自己正陷入到这些诱惑中去。而只有把这些受诱惑的弱点公开坦诚地说明并讲透，他们才能获得下属的支持，而下属提供帮助的作用可以说是不可替代的。

　　从表面上看，领导者好像需要被密切关注或接受某种监督，因此有些领导者对此很反感并抵触。他们不明白为什么公司里的人会一直密切注视和评论自己的行为，而不是去处理内部数不胜数、亟待解决的问题。其实他们完全没有抓住问题的关键，被他们视作批评的言论或建议其实是无价之宝，只不过是"忠言逆耳"罢了。

　　当我在给管理层做咨询时，总要提道：如果一个CEO 95%的行为都是高效的，而公司其他人的表现只有50%无可指责，我就选择重点关注并研究CEO工作中那5%的行为。

尽管每位领导者在理论上都赞同这种思维方式，但很少有人愿意把它付诸实践，去忍受由最后5%带来的痛苦的自我批评。而这也正是区别一位领导者是否能够成功的关键。

如果事实确实如此，那么领导者们为什么不能忍受这些批评和痛苦呢？因为他们当中有太多人错误地相信自己可以避开这些雷区，找到成功之路。他们的所作所为其实是在用短痛（改变）换取长痛（失败）。

成功的关键不在于避免五大诱惑，但当CEO受其影响时，离成功会更加遥远。关键是作为领导者，要时刻自省，接受自己的问题并不惧怕暴露给别人，也包容他们提出的任何批评。当然，这不是一蹴而就的事，也不大可能有皆大欢喜、快乐圆满的结局——我们英勇无畏的CEO在认识到自己的弱点后，突然摇身一变成为世界上最成功的领导者。这就是我们的生活，杂乱无章、无休无止又无法逃避，但优秀的领导者总是能够坦然接受这一切并积极应对。

第2部分

模式与诊断

领导者失败原因总结

对于一个CEO或其他领导者来说，最大的挑战莫过于如何避免被日常"业务"上的繁杂和琐碎困住。要克服这一困难，我们必须学会采用安德鲁和查理在寓言中概括出来的五种行为方式。这些行为方式掌握起来有一定难度，不是因为它们复杂，而是因为每种都与人类的天性、我们内心的弱点相一致。奇怪的是，其中某些诱惑在我们的个人生活里可能根本不是弱点，当然这是另一回事。当我们身为领导者时，诱惑就是毒药。

诱惑一

一个管理人员必须接受的首要原则是：一定要做出业绩。这听上去好像是天经地义的事，可是在很多公司里，即便很多高层管理者们也没有真正遵守这一原则。许多CEO把其他事放在业绩之前，这就典型地反映了所有诱惑中最具杀伤力的一个：保全自己的职业地位。

一个成为公司CEO的人怎么会不执着于业绩呢？大多数CEO在作为高层领导者之前曾经是结果导向型的人，可一旦他们"达到"某个职位，其中的很多人就把主要精力集中在保护他们的地位上，因为对于此时的他们来说，人生的真正意义在于个人得失。CEO是一个只有下没有上的职位，不难理解，一旦人们抵达了这个最高管理岗位，他们就会不惜一切地保护它。

这就致使CEO在做决定时下意识地从个人声誉的角度出发来保护自己，或者更糟，干脆避免做有可能伤害自己的决定。他们奖励那些取悦于他们个人的人，而不是那些为公司的发展做出贡献的员工。

这其实引出了一个很有意思的话题：难道领导者没有意识到，专注于业绩会让他们在职业生涯中得到更高地位、获得更大的自我满足吗？他们当然知道，但这是一个漫长且充满未知的过程，而且时刻都可能威胁自己的职业地位。记住，对于那些不能抵御这个诱惑的CEO来说，即便暂时失去领导地位也是不可接受的。

给 CEO 的简单建议

把业绩当作个人成功最重要的衡量标准，否则就从位子上退下来。你所领导的公司的未来对于客户、员工以及股东来说尤为重要，不要因为个人欲望而阻碍其发展。

诱惑二

即使有的CEO没有被职业地位诱惑，他们有时也会失败，为什么？因为在下属没能够尽责时他们并没有坦诚并且直接地指出问题。这种情况的发生是由于他们屈服于另一个诱惑：希望受欢迎。

对于CEO来说，希望被同事们喜欢是一个可以理解但却危险的事情。一个公司的最高领导者是很孤独的，除直接下属外，CEO只会与公司极少数人有一定的接触。

相对于公司其他员工来说，那些下属通常与CEO年龄相仿而且薪酬相近。这使大多数CEO跟直接下属变成了朋友，他们理解下属的困难和经常性出现的团队人手不足的情况。他们在工作关系之外建立一种友谊和忠诚。如此一来，当CEO需要告诉下属他的工作并未达到预期时，他们通常都会犹豫不决、考虑颇多。

从经验上看，CEO往往对直接下属的工作评估比其他级别的管理人员要少得多。为什么呢？这并不是由于他们太忙或太懒，而是因为他们不想面对使同僚难堪的局面。具有讽刺意义的是，当他的直接下属的工作问题变得很严重且无法挽回时，同样是那些CEO，此时就会毫不犹豫地把这个人解雇，这个时候他们就会舍弃跟这个下属的友谊了。这中间的问题就在于，当直接下属工作中出现失误的时候，CEO们通常没有提供任何有建设性的或发展性的反馈。

给 CEO 的简单建议

努力从下属那儿获取长久的尊敬，而不是感情依附。不要把他们当成自己的支持派，而是当成能够给公司带来长足进步的核心员工。记住，如果下属们自己的工作最后失败了，他们怎么也不会喜欢你的。

诱惑三

即便一个CEO没有被个人地位和下属的好感所诱惑，他们有时还是会失败。为什么呢？因为即使他们能够让直接下属各司其职，他们时常也会因为内心觉得不恰当而勉强为之。因为他们给到下属的指令并不是明确清晰的。他们为什么不把这些事情讲清楚呢？因为他们深陷于不同于前两者的又一个诱惑：希望做出"正确的"决定。

许多CEO，特别是高度分析型的CEO，总试图让自己的决策正确无误，但这在当下信息不完备且变幻莫测的世界里是不可能的。领导者在给下属下达指令时由于担心准确度和正确性通常不得不推迟做决定。他们向自己的直接下属发出含混不清、举棋不定的指令，希望他们在执行过程中自己找到正确的答案，但事实往往不尽如人意。

给 CEO 的简单建议

要更加关注任务指令的清晰度而不是正确性。记住，一个清晰而不是模糊不清的指令能让下属工作更有成效；如果你总是因为信息不足而迟迟不下决定，他们的工作会一无所获。如果工作进展不如预期，那就及时改变计划并说明原因。承担错误是你的工作职责，所需要付出的唯一代价是你个人的自尊心受挫。相反如果因为你个人的犹豫不决，迟迟不做决定，或者做出的决定模糊不清，那么给公司造成的损失就是无法估量的了。

诱惑四

即使CEO没有受到个人地位、下属好感及做出正确决策这三个诱惑的影响，他们有时依然会失败，因为他们对自己的决定感到不确定。他们没有利用身边唾手可得的最好的信息来源：他们的直接下属。为什么不呢？因为他们深陷于另一个诱惑：渴望融洽。

大部分人包括CEO们，都觉得认可、和睦相处比不赞成、冲突会更好，他们从小到大所受的教育都是如此。然而，融洽有时会制约"富有成效的思想争论"，即围绕某个问题进行的激烈的意见交换。

未经过激烈讨论的决策通常都不是最理想的。最佳决策通常只会在大家都充分交换意见、把所有问题摊开来说时才会出现。不是每个人的观点和意见都可取，但可以作为参考。当所有相关的信息都被充分考虑后，出现一个好的决策的可能性会更大——同样，要充分信任在这种条件下产生的决定。

给 CEO 的简单建议

容忍分歧。要向你的直接下属明确自己非常希望听到不同声音，鼓励大家充满激情地充分表达不

同意见。一个有很多不同意见的会议通常是进步的
标志，温和的会议则会造成重要的问题被忽略了。
要注意防止人身攻击，但一定要大力鼓励有效沟
通、交换不同意见。

诱惑五

即使CEO能够抵挡住这些诱惑从而保护了自己的职业地
位、博得下属好感、做出正确决策和创建融洽气氛，但有时
失败还是不可避免。原因何在？因为即便他们愿意鼓励"富
有成效的争论"，他们的下属未必情愿这么做。为什么？因
为这些CEO还可能面临最后一个诱惑：希望做到无懈可击。

CEO们相对来说权力比较大，在同僚和下属面前犯错误
可不是件令人舒服的事。他们错误地认为，一旦下属可以轻
易地挑战他们的想法，他们就会失去权威和信誉。

无论这些CEO怎样鼓励内部进行富有成效的争论，下属
们都会认为领导不是真心想听取意见，会担心自己一旦说出
真话反而没有安全感。这样一来，那些下属就顺着自己揣
摩出来的上级的意思说，只在适当的时候才象征性地互相
争论。

给 CEO 的简单建议

主动鼓励下属挑战你的想法，不要总是考虑自己的意见不被采纳后会职位不保或失去领导者的威望。作为一名CEO，能给予下属最大的信任就是任由他们自由地发表反对意见。而他们则会以尊敬和诚实作为回报，并且在内部同事间也养成良好的开诚布公的习惯。

总的来说，即便CEO们关注到以下几点：更关心业绩而不是个人地位，更强调责任而不是声誉，更注重决策的明确性而不是确定性，更鼓励富有成效的争论而不是表面上的融洽，更强调信任而不是无懈可击，就算CEO们都做到了，也不见得一定会成功，但这种失败只会源于不在他们控制范畴的竞争和市场压力。

下面的示意图，看似顺序颠倒，但它展示了各原则之间的连锁影响：增强信任就会激励领导者进行富有成效的争论；鼓励争论会使领导者有信心发出明确的指示；指示明确又使领导者有信心让下属承担责任；各司其职使领导者有信心达成预定结果，而结果又是衡量CEO长期成功的最终标准。

战胜五大诱惑的方法

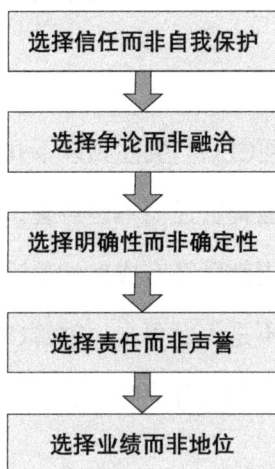

选择信任而非自我保护

↓

选择争论而非融洽

↓

选择明确性而非确定性

↓

选择责任而非声誉

↓

选择业绩而非地位

自我评估

最后，要想弄清楚五大诱惑中哪些对你最有诱惑力，最佳方法就是仔细研读一下前面的几种模式，看看哪些情况与你相符。最好能够问问自己："哪个诱惑让我感到不自在？"

这肯定不是一个最科学的方法，因为自我评估通常是没什么明确的逻辑和固定顺序的。

尽管如此，有些人还是喜欢使用一些特定的诊断方法来发现自己的问题。以下就给大家介绍其中的一种方式。

下面的有些问题并没有很直截了当地说明你有这方面的短板。不过，一定要记住，这个方法是用来判断你是否容易受到此诱惑的影响的，并不是一定就会有这个可能。最终，你还是要自己做出合理的判断。

诱惑一

选择地位而非业绩

*在你的公司没有达到预定目标时，你个人是否把它看成自己职业上的失败？

*你是否经常疑惑：下一步怎么做？我如何才能在职业生涯中做到最好？

*如果你的公司超越了预定目标，而你个人的职业地位与业内同行相比依然较为悬殊，你是否会因此大受困扰？

说明

从专业的层面上看，企业的成功与个人职业的成功是同一回事。尽管对个人来说，把自我成功与企业成功分开看会更有逻辑性，但在谈论职业生涯的成功时，这两者往往是密不可分的。很多时候，即便公司的状况江河日下，CEO还是会为自己的表现进行辩护。

对CEO们是否成功的评判必须最终以取得的业绩来衡量，但这并不意味着"人"的因素就不重要，或者不在精神和情感方面占据最重要的地位。不过，只有CEO才能对公司的业绩最终负责，所以业绩必须是他的最终衡量标准。

此外，在一个人的职业生涯中，如果对"我下一步怎么走"投入过多注意力，这可能是受到诱惑一影响的一个明显的信号，因为它似乎暗示着成功是以职位提升来衡量的，而不是以目前的工作表现。最成功的CEO差不多毫无例外都把精力集中在目前的工作上。

最后，担心自己是否能够得到公众的认可也是屈服于诱惑一的一个表现。尽管获得大家喜爱是人的天性，但在管理中这种天性却是一个弱点。当然，所有CEO在某个阶段都会遇到来自大家的质疑，他们并不能获得所有人的认可。那些最终获得认可的CEO们并不会被阶段性的挫折所打败和分心。毕竟，对他们来说取得最终的成果才是对他们的最大褒奖。

诱惑二

选择声誉而非责任

*你认为自己是直接下属的密友吗？

*如果他们表现出对你不满，你是否会因私人关系而影响自己的决定？

*你是否发现自己不愿意向直接下属传达负面的反馈意见？你是否尽力不去反驳他们以期望获得更加愉悦的上下级关系？

*你是否经常向你的直接下属透露公司里的问题？例

如，你是否在谈到他们的时候称"我们"，而在谈到其他同事的时候则称"他们"？

说明

CEO关心下属本是一件可喜可贺的事，但前提是他们能够区分，哪些是真正的关系成功，哪些是因担忧自己不被认可而选择性地说一些好听话。这一点很难做到，因为我们大多数人都会尽量避免与好朋友发生大的冲突，而且，不可能不去关心是否会与他们产生嫌隙。如果那些好朋友是你的直接下属，公司内部的责任制就会受到影响。如果在处理某些员工的失职问题上由于与个人关系良好而稍微有些偏颇，会在公司内部产生非常不好的影响，会让其他员工从某些很细微的问题上察觉出公司处理事情的不公正。

那些既能跟直接下属保持良好关系、又能避免偏袒的CEO往往发现，把下属当作他们个人的"倾诉对象"真是太容易了。所有管理者都需要有人能让他们倾诉在公司里面临的挑战。但是，CEO应该避免让下属扮演这样的角色，因为这会导致管理层的政治斗争。更严重的是，领导者会受他人影响失去对事情判断的公平性和客观性。这种现象往往体现在管理层会议上的一些言论里，比如："这些人什么时候才能停止质问我们，并开始理解我们正在做什么？"

诱惑三

选择确定性而非明确性

*你是否为自己对事情的精益求精而感到自豪？

*你是否宁可等待更多的信息而不在没有了解所有情况之前做决定？

*你是否喜欢在会议上跟下属争论细节问题？

说明

诚然，仅仅对事情的精益求精这本身并不是第三个诱惑，但是，当它表现为领导者在会议上无休止地对细枝末节进行不必要的争论时，就确实是出现问题的信号。

很多时候，许多CEO都为自己的分析能力和对事物的异常敏锐的观察力而颇感自豪，但他们忽略了作为一名成功的领导者，更多的并不是依赖智力上的优势，而是个人行为的不断自律，在决策会议上不要浪费过多时间去讨论不重要的细节。这是基于两方面的考虑：第一，它们消耗掉了本应该花在讨论更重要问题上的宝贵时间，而通常只给后者在会议议程的末尾留下几分钟；第二，也是更为重要的一点，它们营造了一种策略上过于偏重分析和强调理性的氛围。如果一家公司里只能有一个人不能过分讲求精确的话，这个人就是公司的CEO。

诱惑四

选择融洽而非富有成效的争论

*你是否倾向于让你所召开的会议轻松愉快?

*你所召开的会议是否常常枯燥乏味?

*如果下属在会上有所争论,你是否会感到不舒服?

*下属相互争执的时候,你是否经常出面做和事佬以期大家和平共处?

说明

领导者经常抱怨自己参加的会议太多,但通常也会把一些员工会议列在日程的最前面。他们总抱怨会议占去了应该"干实事"的时间,这其实很容易说明这些会议上处理的事并没有想象得那么难或者说那么有效率。

一个高效的管理层会议应该是让参会人员很"烧脑"的,因为它是情绪激动、针锋相对的讨论。如果一个会议让所有人都感到舒服或更糟糕,或者让人觉得很无聊——这正暗示了会议没有在一定程度上进行开诚布公的、有建设性的、观念上的争论。但是,不要被表象欺骗。每次会议肯定都会有矛盾,只是有些领导者并未把矛盾摆上台面,而是让下属自己在执行过程中处理。这种情况的发生绝非偶然。

当管理层成员对某一问题进行实质性争论时，CEO通常会出面干预，让冲突不那么尖锐。这等于向其他人发出信号：CEO喜欢的是轻松、愉悦的会议。几次"愉快"的会议之后，人们开始感到厌烦，并后悔原本可以干些实际的工作，却在这里浪费时间。

诱惑五

选择自我保护而非信任下属

*对你来说，承认自己的错误是不是一件困难的事？

*你是否害怕你的直接下属会觊觎你的职位？

*你是不是试图对直接下属隐瞒自己最大的弱点？

说明

没人愿意承认自己错了，有些人甚至痛恨这么做。然而，卓越的CEO在犯错时丝毫不感到丢脸，因为他们有自知之明，知道自己为什么能成为CEO，并且意识到最终衡量成败的标准是公司的业绩，而不是表面的个人聪明睿智。他们明白，取得业绩的最佳方式是承认自己某些方面的不足，并借助其他成员的力量来提高实力。有些CEO只是从概念上理解这一点，却不能付诸行动，所以偶尔象征性地承认自己的

问题和弱点。这种做法只会更加让别人以为你不是真的要承
认自己的不足。要抵御这个诱惑，需要承受一定程度的恐惧
和痛苦，而实际上许多领导者并不情愿。

　　如果你在识别自己受到的诱惑时遇到困难，可以要求你
的直接下属回答上述问题，并把你的答案与他们的答案进行
比较。

致　谢

～～～～～～～～～～～～～～～～～～～～～～～～～

　　首先，感谢我的妻子给予我爱和忠告；感谢我的家人一直以来对我的大力支持。

　　也感谢艾米·阿黛尔无私地帮我厘清思路，并在我们的公司刚刚起步时让我专心于这本书的写作；感谢苏珊·威廉斯确切地理解安德鲁和查理的所言，以及她为之倾注的热情；感谢Table Group了不起的员工们，他们提出了许多建议和想法；感谢数不清的客户、同事和朋友们，他们多年来不断给予我勇气，尤其是乔尔·麦纳、萨莉·德斯蒂法诺和加里·博尔斯；感谢Jossey-Bass出版社的全体成员对本书的发行付出的所有努力。

　　特别感谢我接触过的所有公司的CEO及其他管理人员，是他们教给我：当一个领导者是多么容易而又多么困难，并帮助我最终意识到五大诱惑的存在。

　　还有最重要的，我要感谢上帝赐予的一切！

延伸阅读

作者其他中译版介绍

《优势》（*The Advantage*）

组织最重要的竞争优势是什么？
优秀的策略、快速的创新还是聪明的
员工？畅销书《团队协作的五大障碍》
作者帕特里克在本书中会告诉你答案：
组织健康。他将20年的写作、现场研究
和为世界知名组织的高管提供咨询的经
验进行了总结，将真实的故事、轶事与
可行的建议结合起来，创作了本书。作者以通俗易懂的语言证
明了在一个组织中实现巨大进步的最佳途径莫过于消除功能障
碍、政治和混乱的根源。

《CEO的四大迷思》（ *The Four Obsessions of an Extraordinary Executive* ）

在许多方面都很相像的两个CEO——都是当地一流的技术咨询公司的CEO，同期就读于同一所学校的同一学院，都是讨人喜欢的体面男人——他们所带领的公司的情况却几乎天壤之别：一个被商业报纸视为至爱，行业分析师总是奉承巴结，客户对它赞不绝口、不离不弃，优秀人才趋之若鹜，而另一个的情况却截然相反，以至外部顾问都认为这两家公司相同点之少，使人极难进行比较。造成这一切的原因在于，前者的CEO掌握了打造健康组织的秘诀：健全组织的四项行动准则！

本书的前半部分是一部精彩的商业小说，充满魅力，极富启发性；后半部分是关于团队建设的专业剖析。书中关于四大行动准则的精准分析，为创立健康的组织提供了一幅清晰的路线图。遵循这个简单的方法，你的企业会变得士气高昂、创造力超强，还能降低不必要的人员流动率和招聘费用，成为一个极具吸引力的高效组织。

《理想的团队成员》（*The Ideal Team Player*）

从事高科技行业的杰夫决定摆脱充满压力和交通堵塞的生活环境，离开硅谷去纳帕谷接手叔父的建筑公司。上任后，他急于恢复公司团队文化，致力于打造更有效的高水平团队。在这个过程中，他认识到一个理想的团队成员应该具有三项不可或缺的品德，通过这些品德来形成公司的文化，才能拯救这个公司。为此，他必须面对失去一些有能力而不太懂得如何进行团队协作的员工，并说服他偏激的运营副总裁，而不是在短期业务的压力下降低公司的招聘标准。

在故事之外，作者提出了一种实用的框架和可操作的工具，用以识别和发展理想的团队成员。无论你是一个领导者，试图创建团队协作精神，还是一个想要提高自己的团队成员，你都将从本书中获益良多。

《动机》（*The Motive*）

本书把注意力转移到帮助领导者理解自己"为什么要成为领导者"的重要性上，直接将读者带进了两位同行且彼此竞争的CEO间长达一天的对话中。兰西奥尼通过出乎意料的曲折情节和尖锐的对话带我们踏上了一段旅程，最终得出了一个既令人意外又富有启发性的结论。

正如他的其他书籍一样，在虚构的故事之后，他对从寓言故事中应汲取的经验教训进行了简单的总结，结合实践经验对他的理论进行了清晰解释，以帮助高管们审视自己成为领导者的真正动机。

除了鼓励读者诚实地评估自己的动机，兰西奥尼还提出了从五个关键领域改变他们动机的方法，并指出了行动步骤。通过这样做，他帮助领导者避免最危险的诱惑，这种诱惑会让领号者脱轨，阻碍其组织的发展，甚至伤害他们本应为之服务的人。

《打破部门壁垒》（*Silos, Politics and Turf Wars*）

本书是畅销书作者兰西奥尼的经典著作之一，此经典版配有中文导读音频课，可使读者在高效阅读的同时掌握本书技能。本书通过一个寓言故事，生动地再现了公司内部激烈的部门冲突。故事的主角裴德是个年轻而冲劲十足的管理顾问。在和客户交流的过程中，裴德意识到一个普遍存在而又非常棘手的问题——公司部门间的扯皮和内耗问题。在历经波折之后，裴德终于找到了一种简单实用的解决办法——设定主题目标，把杂乱无章的部门间争斗转化为高效的团队合作。

《六大工作天赋》（*The 6 Types of Working Genius*）

本书是畅销书《团队协作的五大障碍》作者的又一力作。作者通过讲故事的方式揭示人们工作效率低下，情绪暴躁和焦虑的根本原因，并提供解决方法和工具：六大工作天赋模型。故事的主人公布尔是一位成功的首席执行官，书中详细描述了他如何调整工作任务，摆脱暴躁和焦虑的情绪，发掘团队成员优势，带领大家轻松快乐地提升工作效率并获得成就感。作者认为人们在工作中会有六种天赋，而在一个团队中，这六种天赋缺一不可，否则即使在健康的组织中，人们也没法高效工作。

以上图书的中文版由电子工业出版社出版，各大新华书店及当当、京东等网上书店均有售。

培训与咨询

克服团队协作的五种障碍导师认证课（第 2 版）
电子工业出版社世纪畅优公司获得美国 Table Group
独家授权举办
Table Group 资深顾问导师亲临执教

为企业打造具有高凝聚力的卓越团队，为组织进行健康诊断，通过强化清晰度提高竞争力，这一切都需要在世界一流导师的培训下，通过学习与演练，获得权威的认证许可，提升培训与咨询能力，为组织创造更大的价值。

克服团队协作的五种障碍工作坊（第 2 版）
Overcoming the Five Dysfunctions of a Team

工作坊目标：致力于帮助企业建立高绩效的领导团队，极大地提高团队凝聚力与执行力，为提升组织健康度打下基础。

忽视结果
逃避责任
缺乏承诺
惧怕冲突
缺少信任

一、真实领导团队工作坊
面向组织中一个真实的领

导团队开展。在真实领导团队工
作坊中，设计了高度实操型团队
测评、团队现状分析以及增进真
实领导团队协作性的活动练习，
能够真正帮助领导团队就团队使
命、团队协作原则达成共识，朝
向成为一个高凝聚团队的目标迈
出一大步。

二、领导者工作坊

面向组织中来自不同团队的
领导开展。在团队领导工作坊中，将以提升领导者团队领
导力为目标，学习如何通过运用"克服团队协作的五种障碍"
模型来提升他们自己所带领团队的凝聚力、团队协作的高效
性以及目标达成的执行力。

两个互动性很强的工作坊给学员提供了既实用又可以
立刻见效的工具和策略，这些工具和策略还可以让学员在
今后的工作中持续应用。

组织健康是组织唯一的竞争优势
Organization Health Is a Unique Competitive Advantage

打造组织健康的真实领导团队工作坊，是组织迈向健康的最理想起点。贯彻性咨询项目是提升组织健康度的有效保障。

1. 建立富有凝聚力的领导团队
2. 打造组织清晰度
组织健康
4. 强化组织清晰度
3. 反复充分沟通组织清晰度

一、真实领导团队工作坊

领导团队工作坊针对团队领导及他的直接下属设计，具有互动性高、推进快速的特点。开展工作坊能够使以组织领导为首的领导团队有机会对其组织的健康度进行评估，建立领导团队黏性，并识别能够最大化组织优势的特定行动。

在工作坊期间，领导团队将深入学习兰西奥尼畅销书《优势》《团队协作的五大障碍》中的基本概念，并学习如何将这些理论概念付诸实践。两天的工作坊中，包括简短的讲解、实践活动的演练，以及为了落实组织健康四原则，针对参加工作坊的特定领导团队及组织自身开展的定制化的研讨。

工作坊中的团队活动与研讨，都针对参加工作坊的领导团队所在组织的真实商业活动而展开，工作坊参与者不会感觉他们仅仅是学习一种理论，或者学习与工作不相干。

二、提升组织健康度贯彻性咨询项目

在健康的组织中，领导团队团结协作，不存在办公室政治与混乱，整个组织都为了组织共同的目标而工作。

基于兰西尼奥的畅销书《优势》中的模型，咨询项目通过以下三个阶段，帮助组织定制化地设计出符合自身现状打造组织健康的行动路径，并保证所给出的行动路径可以在组织内长期确立并采用。

阶段一：建立富有凝聚力的领导团队并打造组织清晰度。

阶段二：反复充分沟通组织清晰度。

阶段三：强化组织清晰度。

可扫描二维码，了解版权课程导师认证、版权课程资料销售、市场推广及相关课程交付服务。

电子工业出版社世纪畅优公司

+8610 88254180/88254120　cv@phei.com.cn

反侵权盗版声明

电子工业出版社依法对本作品享有专有出版权。任何未经权利人书面许可,复制、销售或通过信息网络传播本作品的行为;歪曲、篡改、剽窃本作品的行为,均违反《中华人民共和国著作权法》,其行为人应承担相应的民事责任和行政责任,构成犯罪的,将被依法追究刑事责任。

为了维护市场秩序,保护权利人的合法权益,我社将依法查处和打击侵权盗版的单位和个人。欢迎社会各界人士积极举报侵权盗版行为,本社将奖励举报有功人员,并保证举报人的信息不被泄露。

举报电话:(010)88254396;(010)88258888

传　　真:(010)88254397

E-mail:　dbqq@phei.com.cn

通信地址:北京市万寿路 173 信箱

　　　　电子工业出版社总编办公室

邮　　编:100036